中华先贤人物故事汇

包拯

李清源

著

中华书局

图书在版编目(CIP)数据

包拯/李清源著. —北京:中华书局,2021.7
(中华先贤人物故事汇)
ISBN 978-7-101-15158-9

Ⅰ.包… Ⅱ.李… Ⅲ.包拯(999~1062)-生平事迹
Ⅳ.K827＝441

中国版本图书馆 CIP 数据核字(2021)第 070012 号

书　　名	包　拯
著　　者	李清源
丛 书 名	中华先贤人物故事汇
责任编辑	林玉萍　董邦冠
出版发行	中华书局
	(北京市丰台区太平桥西里 38 号　100073)
	http://www.zhbc.com.cn
	E-mail:zhbc@zhbc.com.cn
印　　刷	北京瑞古冠中印刷厂
版　　次	2021 年 7 月北京第 1 版
	2021 年 7 月北京第 1 次印刷
规　　格	开本/787×1092 毫米　1/32
	印张 5　插页 2　字数 50 千字
印　　数	1-10000 册
国际书号	ISBN 978-7-101-15158-9
定　　价	20.00 元

出版说明

孔子周游列国，创立儒家学说；张骞出使西域，开辟丝绸之路；书圣王羲之，留下了曲水流觞的佳话；诗仙李白，写下了"举头望明月，低头思故乡"的名篇；王安石为纠正时弊，推行变法；李时珍广集博采，躬亲实践，编撰医药学名著《本草纲目》……

这些杰出的历史人物，有的是在中华民族文明进程中做出过突出贡献、对后世产生过巨大影响的思想家、政治家，有的是对中华优秀传统文化的传承传播发挥过重大作用的文学家、艺术家、科学家，有的是为国家安定统一、民族融合团结和中外文化交流做出过杰出贡献的军事家、外交家……他们为中华民族的繁荣发展做出了伟大的贡献，他们的行为事迹、风范品格为当世楷模，并垂范后世。

他们是中华民族的先贤人物。他们的思想、品德、事迹，是中华优秀传统文化的结晶。他们的故事，是对中华民族的禀赋、特点和气质最生动、最鲜活的阐释。他们的名字，在五千年中华文明史上最为光彩夺目。他们为五千年中华文明史书写了最为光辉灿烂的篇章。

为了解先贤，走近先贤，我们精心组织编写了这套《中华先贤人物故事汇》丛书。以详实可靠的史料为依据，以细腻动人的故事为载体，真实地呈现中华先贤人物的事迹、品格和精神风貌，彰显他们的贡献和功绩，以激发人们对国家民族的热爱，对中华文明、中华优秀传统文化的崇敬。

开卷有益，期待这套丛书成为你的良师益友。

目 录

导 读

　　包拯（999—1062），字希仁，庐州合肥县（今安徽合肥）人。北宋名臣。

　　包拯为人耿介，自律甚严，且少年老成，不与世俗苟合。天圣五年（1027）进士及第，授大理评事，知建昌县（今江西奉新）。因父母年老，请求就近任职，转监和州（今安徽和县）税。但因父母不愿随行赴任，包拯遂弃官归里，奉养双亲。从此十年不仕，直至父母去世，服丧完毕，才在亲友劝勉下重新出仕，出任天长（今江苏天长）知县。

　　在天长县任内，包拯初试牛刀，即表现出过人的行政才干和决狱智慧，以"智断牛舌案"闻名远近。任满后转知端州（今广东肇庆）。端州以产砚台闻名，包拯离任时没带走一方砚台，清廉之名，闻名遐迩。之后他担任的监察御史里行、监察御史、知谏院，都属于谏官，因无私无畏，直言不阿，不断上书针砭时政，弹劾权贵，朝野上下都敬畏他的刚正。

皇祐五年（1053），包拯出知庐州。在任期间执法严峻，杜绝私情。从舅犯法，亦按律法加以挞罚，政风为之清肃。嘉祐元年（1056），迁右司郎中，权知开封府。开封是首善之区，号称难治。包拯为政清简，严肃吏治，惩治奸恶无所宽贷，官民畏服，势家贵戚也无不忌惮。京师流传一句话："关节不到，有阎罗包老。"包拯在任不过一年多，却将开封府治理得井井有条。权知开封府，是包拯官宦生涯中最辉煌的时刻。

嘉祐三年（1058），包拯权御史中丞，再次掌管台谏。时人将他与宰相富弼、翰林学士欧阳修、天章阁侍讲胡瑗并称"四真"："富公真宰相，欧阳永叔真翰林学士，包老真中丞，胡公真先生。"之后转权三司使，执掌大宋财政，大道直行，不避讥谗。属下更是群英荟萃，尤其著名的有司马光和王安石。

嘉祐六年（1061），任枢密副使，成为宰执之一，具有举足轻重的地位。

次年五月（公历七月），在枢密院视事时疾病发作，最终不治，享年六十四岁。可谓鞠躬尽瘁，死而后已。

纵观包拯一生，为人纯孝，为官廉能，耿直无畏，铁面无私，对弱者怀有深沉的同情。所有这些，都很符合传统文化和普罗大众对官员的要求和期待，因此被人们视为清官的典型，世代传颂。

千百年来，各种以包拯为主人公的戏曲、小说、故事层出不穷，人们将关于清官和能吏的想象都倾注到了他身上，借以寄托美好的愿望和朴素的诉求。这是人们对包拯的最高礼赞，也表达了对公平公正的社会的向往。

唯国与亲

1

四月的香花墩花香袭人，是春游踏青的好去处。

香花墩位于庐州合肥县城南，濒临肥水，地势较高，又因花草繁茂，每到春暖时节，群芳争妍，香气四溢，故而被称为"香花墩"。登墩畅望，只见芦苇青青，肥水粼粼，鱼凫在波光之中上下翻飞，令人心旷神怡。

一名老者手握竹骨纸扇，身后跟随两名仆人，穿过遍地芳草与繁花，施施然走进一片竹林。竹林内小径曲折，鸟鸣清幽，仿如世外净土。

忽然有对话声从前方传来。

"员外三番五次盛情邀请，总是拒绝也不合适。"一人说道，"希仁兄，咱们还是去一下吧。"

"这员外为富不仁，为什么执意要与我们结交？不过是图着我们以后可能会做官。"被称为希仁的人说道，"我们读书科考，是为了有朝一日治国安民，匡扶正义，倘若现在接受了他的好处，到时候他求取回报，你给还是不给？还是不与他们结交为好。"

"你也太谨慎了，"那人笑道，"一顿饭而已……"

听到这里，老者开口说道："同流合污，必致败亡，洁身自好，才是远祸之道。"

希仁闻声望去，只见一位鹤发老者走了过来。那老者头戴青纱幞头，身穿圆领襕衫，一副雍容高士的派头。

老者上下打量包拯，见他方脸浓眉，丰神卓荦，便问道："请问公子尊姓大名？"

"小可姓包名拯，草字希仁……"

这时，书院山长和掌教已率一众助讲匆忙赶到。

山长对那老者拜了又拜，激动地说："不知学士驾临，有失远迎，罪过罪过！"

老者用竹扇托住拜个不休的山长，说道："今天正好清闲，听说这里学风很浓，便来观访，无意惊动山长。"

山长连称荣幸，与掌教和助讲们簇拥着老者向竹林后的书院走去。

包拯那同学目送他们离去，仍不死心，继续劝包拯跟他去赴宴。

包拯笑道："要不我请你吃饭，给你补回来。"

同学也笑道："那不成，我今日吃了你的，万一我日后科举发达，你来向我求官，我怎么拒绝你？"

两人便各自散去。

2

这天傍晚，包拯正往省油灯的夹层里注水，准备挑灯夜读，山长派人来叫他。

山长一向严厉，此时却变得和蔼可亲，仿佛

换了一个人，他告诉包拯白天来访的学士正是新来的庐州郡守刘筠。

刘筠以诗文名动天下，是西昆体诗歌的代表人物，被推奉为文坛领袖，并先后知制诰，知贡举，迁翰林学士。真宗皇帝对他甚是信任。

宰相丁谓擅权专恣，刘筠对他极为反感。后来有一次，丁谓不小心触怒真宗，真宗命令刘筠起草诏书，罢去丁谓宰相之位。刘筠文不加点，挥笔而就。这是他这辈子写过的最开心的一道诏书。不料不到一天，真宗又改变主意，要留用丁谓，命刘筠重新撰写诏书。刘筠又惊又怒，不肯奉诏。真宗无奈，便改召晏殊来写。刘筠愤而离开翰林院，在路上遇到奉诏而来的晏殊。晏殊侧身站在路边，面有羞愧之色，不敢直视刘筠。

丁谓复相后，愈发作威作福。刘筠眼见真宗日渐老病，朝政一天不如一天，叹息道："奸人当道，此地是一天也呆不下去了。"于是上书请求外放，于天禧五年（1021），以右谏议大夫出知庐州。

包拯听山长讲完，回想起刘学士那句"洁身自好，才是远祸之道"，才知道这句话别有深意。

他非常敬仰刘学士的道德文章，可是看山长都已两鬓斑白，谈到刘学士，却依然像个追逐偶像的狂热少年，不禁莞尔。

山长发现包拯的反应不是很热烈，便转而讲起刘学士对他的关注和期许：

"刘学士很喜爱你的诗文，尤其是你的策论文章。"山长道，"他说你思虑深远，心性持重，来日必成大器。希仁啊，你可得努力进学，千万不要辜负了刘学士的厚望。"

刘筠在庐州呆的时间并不久，到任不满一年，真宗皇帝便驾崩了，仁宗继位，太后刘娥垂帘听政，贬斥丁谓，将他召回朝中，复任翰林学士。

在这不足一年的时间内，他对包拯颇为关照，多次召他入衙谈论文章，叫他在义理上多下功夫，而不要拘泥于文辞章句。回京之前，他特意又见了包拯一面，叮嘱他好好读书，来日金榜题名，报效国家。

天圣五年（1027）春闱，包拯觉得自己诗文娴熟，已准备充分，于是负笈上路，前往东京（今河南开封）参加礼部贡试。

此次奉诏知贡举的，仍然是刘筠学士。这已是刘筠第三次知贡举了。来自庐州的举子们得知消息，都觉得包拯运气太好，而且见他到京之后，天天喜形于色，想必是在为这个际遇而得意，无不心生羡妒，看他的目光也意味深长起来。

3

包拯的心情的确很好，但却不是因为主考官是刘学士，而是见到了睽违已久的朋友文彦博。

文彦博，字宽夫，汾州介休（今山西介休）人，与包拯是世交。两人的父亲曾是南京应天府（今河南商丘）的同僚：文彦博的父亲文洎时任应天府通判，包拯的父亲包令仪则是签书判官厅公事，两人公务之余，诗酒唱和，彼此引为知己。包拯与文彦博初次相识，也是在应天府衙内。

文彦博小包拯七岁，然而眼界开阔，见识不凡，令包拯很是佩服。文彦博也对包拯的明敏和才学敬重有加。两人越聊越投机，短短几天，便成了莫逆之交。

几天之后，文洎便催促文彦博上路去山东孙复先生处求学，包令仪也叫包拯赶紧回合肥读书。父命难违，两人只好在驿亭作别，各奔前程，此后再未见面，只有书信往来不绝。

如今两人同来参加贡试，阔别数年终于重逢，包拯喜不自胜。

然而遗憾的是，文彦博与其他举子一样，忙着去达官贵人家行卷，并没有太多时间和他叙旧。

自唐朝以来，行卷之风盛行，将自己的诗文投献给朝中显贵，以求揄扬和推荐，已经成为举子们应试前必做的功课。

有的投过之后，担心不被重视，过几天再投一次，谓之温卷。

宋代科举已经施行糊名、誊录制度，公卿推荐并不能影响贡试结果，但在考前获得公卿赏识，名扬京都，无疑会先声夺人，有利于殿试排名和以后的仕途。

文彦博也带了许多结集的诗文，奔走于权贵之门，先行卷再温卷，跑得不亦乐乎。

包拯却只带了一箧书，每日只是读书，偶尔去街上走一走，看看东京的繁华。

4

考试如期举行，包拯与文彦博一路春风：贡试后礼部放榜，两人全都高中，然后入宫参加崇政殿御试，也都取得佳绩，名列甲科。

金殿传胪后，仪鸾司按例在琼林苑设宴款待新科进士。赴宴路上，文彦博与包拯并肩而行，悄悄询问他是不是真的受过刘学士关照。

考前曾有传闻，说包拯有刘筠学士庇护，金榜题名是板上钉钉的事，所以才不屑去行卷。

放话的是一名庐州举子，他到处行卷，无一回应，心灰意冷之际，听人讲起包拯的清高孤介，一时心忿，便说起了风凉话。此时包拯甲科高中，似乎证实了传说。

文彦博想起以前与包拯通信时，曾经谈过科

举考试的弊病，包拯对重诗赋、轻策论的规则大加批判，认为科举取士，目的是选取治国人才，而不是文人墨客。此次刘筠主持贡举，便是以策论为主选取贡士，难免引起文彦博的联想。

包拯对他的质疑哭笑不得。

包拯道："刘学士之前已经主持过两次贡举，那时候便已经有重策论、轻诗赋的倾向，这次以策论为主品第考生，只是延续了他往日的主张。况且知贡举的人都是临时任命，我们怎能预知他要主持此次贡试？"

殿试上榜的进士，都是天子门生，即时授予官职，进入仕途。甲科进士例授大理评事、知县等。元丰改制前，北宋的官制非常混乱，一个官员往往有三重身份：官、职、差遣。官是阶衔，只是用作俸禄的标准和位阶的等级，比如大理评事。差遣则是实际的职事，比如知县。若是重要的官员，还会别授馆阁之职以示荣宠，比如龙图阁直学士。包拯和文彦博都是以大理评事的官阶，授予知县的差遣，包拯出知南康军建昌县，文彦博则出知绛州翼城县（今山西翼城）。

这本是人生快意的时刻，从此青云平步，飞黄腾达，整个世界都对自己敞开了大门。然而包拯并没有太多欢喜，反而一副忧心忡忡的样子。因为他在殿试放榜之日得到消息，父亲顽疾复发，已经卧床多日。

报信的是老家一个从舅。从舅是包拯母亲的堂弟，只比包拯大五六岁，这几年在做石斛生意。他押了几车石斛来东京售卖，按照往常的规矩，先去药行行头家拜码头，不料却吃了个闭门羹。原来今日朝廷放榜，行头急着去金榜下碰运气，看能不能抢个新科进士当女婿，顾不上买卖。从舅想起希仁外甥也来应考了，便也跑到城西金明池看热闹。

金明池原先是朝廷训练水军的地方，后来辟为皇家园林，殿试结果出来后在这里放榜示众。

此时正值初夏，烟柳繁花，无比动人。然而在场的却没有一个人关心风景。士子们只关心金榜上是否有自己的名字，来抢女婿的人则只关心看榜的士子：榜上有名的士子欣喜若狂，落榜的则黯然神伤，撇开黯然神伤的家伙，看到狂喜的赶紧围过去。

从舅正要往人群里钻，却见两个青年从人群中狂奔而出，其中一个便是包拯。

文彦博在考前行卷时，已经被一个朝中权贵看上，他今日特地派来几个身强力壮的家人，单等文彦博一上榜，就将他抢回家去。

文彦博大声呼救，包拯急忙上前，奋力将他拉出来，甩开围堵的人撒腿而逃。

从舅不明所以，叫喊着包拯的名字在后面追赶。

包拯见是从舅，大感意外。

从舅看他这般情形，想必是高中了，一问果然，而且还是甲科及第。

从舅喜出望外，说：

"赶紧写封喜报给家里送去，花钱找急脚递送，钱你不用管，我来出。"从舅道，"你父亲病得厉害，听了这个喜讯，马上就会好一大半。"

包拯大惊："父亲大人又犯病了么？"

包拯奋力将文彦博拉出人群。

"是啊，各种老毛病攒堆儿发作，看上去很不妙，一直没告诉你，怕影响你考试。"

包拯的父亲包令仪身体不好，老早以前就有很严重的眩晕病，一发作天旋地转，呕吐不止，后来又相继患上消渴症和风痹，每天又忙于公务，越来越体力不支，应天府签判任满后，便致仕还乡，颐养天年。休息了几年，身体日渐好转，包拯来开封府应试时，他还策杖送到城外。

包拯心急如焚，恨不能插翅返乡，然而刚刚放榜，之后还有一系列仪式不可缺席，便依从舅的建议写了一封报捷信。

5

果如从舅所言，包令仪读罢儿子的信，病情便好转了不少。他怕儿子过于担心自己，便支撑着病体亲笔写了回信，说身体已无大碍，叫他放宽心。

包拯这才稍稍安心。他有两个哥哥，二哥早夭，大哥也于数年前不幸去世，父亲病情加重，也与大哥之死的打击有关。

包拯决定带父母一起赴任，以便贴身尽孝。然而建昌县远在千里之外，路途颠簸，恐怕父亲的身体承受不了，况且那里水土与庐州大是不同，父母很可能住不习惯。包拯向审官院陈情，希望换一个离老家近一些的差遣。

审官院准其请求，改授和州税监。和州与庐州相邻，饮食、水土基本没有区别。包拯欢喜异常，立即离京赴任。他取道庐州老家，准备带上父母去和州。

正如包拯所料，包令仪的身体根本支撑不了舟车远行。他的病情虽有好转，但仍然缠绵病榻，虚弱不堪，加上风痹发作，全身筋骨都疼得厉害，和州虽近，却也不能前往。他叫包拯以公事为重，赶紧赴任。

包拯眼见父亲强颜欢笑，知道他其实正承受着巨大痛苦。回想这二十多年来，先是父亲在外做官，父子二人聚少离多，现在父亲致仕还乡了，自己却又要外出做官，再次与父亲分离，不能尽孝。父亲病得这么重，眼看朝不保夕，倘若今日一去，竟成永诀，将是何等不幸！子欲养而亲不待，自古以来便是人生至痛，难道自己也要等到父亲不在了，再来痛哭追悔么？他服侍父亲吃过药，看他睡下，悄悄退出来，回书房写了封表章，派人送往东京。

包令仪见包拯在家一待数日，每天晨昏伺候在床前，完全没有动身赴任的意思，便催促他上路。

包拯笑了笑："孩儿已经上了辞官表章，不用去和州了。"

包令仪大惊，听包拯讲罢详情，摇着头叹了口气。

"报国安民是为忠，这是大义。奉养双亲是为孝，这是私情。私情和大义不能兼顾时，要先大义而后私情。"包令仪道，"况且私情的孝只是小孝，把孝敬父母的心，用在造福百姓上，老吾老以及人之老，才是大孝。你这么做，是先私情而后大义，取小孝而弃大孝啊。"

"父亲大人教诲的是。"包拯道，"只是公私虽然有先后，行事也须分缓急。孩儿报国的时间还很长，报亲的时间却有限，怎能为了来日方长的报国，舍弃迫在眉睫的报亲？再说了，一个连父母都能狠心舍弃的人，又怎能做到爱民如子呢？"

包令仪看包拯意志坚决，也只能接受。包拯从此朝夕陪伴父亲，延医煎药，事必躬亲。

第二年，刘筠因在朝中不得志，又请求外放。离开庐州后，他一直对庐州风物念念不忘，希望归老于此，仁宗皇帝便如其所愿，再次任命他为庐州知州。

包拯得到消息，悲喜交集。悲的是恩师生性耿直，不苟且于世俗，以至于落落寡合，不能得志。喜的是恩师重返庐州，正好可以多陪陪他，聊尽弟子的敬意和孝心，同时也能随时请益，蒙受教诲。

包拯辞官尽孝，刘筠对此极是赞赏，觉得没有看错人。这世上多的是为了做官而置父母于不顾的，却罕见为了父母而不去做官的。包拯淡泊官位，以孝为先，自是令人起敬。

刘筠之所以重返庐州，将这里当作归老之地，固然是喜欢这里的风物，与包拯也有莫大关系。刘筠只有一个儿子，不幸早夭，如今人老年迈，却没有子嗣相伴。对于膝下孤独的老人，谁不希望跟纯孝的后生住得近一些呢？

包拯果然没有让他失望，就像侍奉父亲一样侍奉他，使他甚感欣慰，但对包拯一味请教学问，刘筠有点不以为然。

"你的志向是治国安邦，造福百姓，而不是舞文弄墨，著书立说。"刘筠道，"诗文经论，有益于修身，无助于治乱。你来日入仕，既要做清官，更要做能臣，谙熟政务，精通吏治，才是最要紧、最根本的功夫。"

刘筠将自己做官多年的心得和经验倾囊相授，又将庐州官府作为历练之所，让包拯在尽孝之余，以幕僚身份参与州府事务，遇到烦难之事，也令他共同参决，给出应对之策。

刘筠悉心栽培，包拯也敏而好学，不到两年，已经娴熟吏事，狱讼册簿无不精通，庐州政务大多决于其手。

刘筠除了给庐州学子讲讲学，就是吟诗作文，游历山水。但他终究不能忘情于山水，官场失意，始终是他心中化不开的结，京中权贵对他的讥讽，更是令他耿耿于怀。更多时候，他会将自己反锁在书阁里，一遍遍抚摸和翻阅真宗皇帝生前赐予的书籍和墨宝。不管是真宗皇帝，还是刘太后与仁宗皇帝，对他都优礼相待，视他为忠荩之臣和天下文宗，但却都没有给他施展政治抱负的机会。刘筠深陷于不得志的悲情中不能自拔，两年之后，郁郁而终。

包拯痛失恩师，伤心不已，亲自为刘筠办理后事，披麻守孝。

又过了几年，父母相继辞世，包拯连失至亲，悲不自胜，服丧期满后，已是形销骨立。

6

此时距包拯辞官归养已经十年了，亲戚和族人劝他赶紧进京复命，讨取差遣。然而包拯受恩师政坛失意的影响，对仕途兴趣索然，他在给文彦博的信里流露出了这个态度。

文彦博此时正在兖州做通判，他一直期待着

包拯起复，两人一起干一番轰轰烈烈的功业，共襄大宋的不朽盛世。他劝包拯不要淡忘了以天下为己任的初心，而刘学士未竟的志业，也需要他来继承和完成。

文彦博的提醒，使包拯重新回想起恩师的遗愿和父亲的嘱托。是啊，男儿所重，唯国与亲，如今报亲已毕，余生自当报国，岂能碌碌无为，空废此身？他提起笔，给文彦博回了封信，说自己这就去东京赴调。在信末，他又赋诗一首，以明心志：

清心为治本，直道是身谋。

秀干终成栋，精钢不作钩。

仓充鼠雀喜，草尽兔狐愁。

史册有遗训，毋贻来者羞。

智断牛舌案

1

　　包拯获得的新差遣是扬州天长知县。

　　他本可以有更好的选择。

　　包拯辞官尽孝，早已传为美谈，仁宗皇帝听闻他完丧归选，特地在朝会时召他进见，对他的孝行表示赞赏。宰相吕夷简与刘筠相善，久闻包拯的孝行和才能，一直想要见他。

　　包拯陛见那天，恰逢吕夷简押班，在待漏院等候上朝时，他看到班次名录里有包拯的名字，非常高兴，把他叫过来聊了几句。包拯的寓所与自己的府第不远，吕夷简料想他一定会去拜访自己，而待漏院百官汇集，很多话不方便讲，于是没有深谈。

不料包拯陛见之后，便往审官院注了一个天长县知县，匆匆离开了东京。

审官院知事眼见皇帝和宰相都对包拯青眼相加，也有心关照，询问包拯对差遣可有要求。包拯似乎不通世故，对知事的好意视而不见，请知事按格注拟，遂依循十年前的官资，授予天长知县。

吕夷简等了很久，不见包拯来拜见，派人打听，才知他已经离京赴任去了。

2

宋朝立国，重文轻武，朝廷和地方都是文官理政。知县是最底层的亲民之官，大多由科甲及第的进士充任。这些父母官读书出身，只懂得诗书礼乐，看到天书般的赋役簿册，没有几个不发懵的，遇到棘手的狱讼和难缠的公事，更是头大如斗，不得不倚重胥吏。日久天长，胥吏便掌控了县衙实权，将知县高高架空，以至于吏强官弱，成为宋朝积弊。

包拯刚刚上任，胥吏们已经将他的履历打探明白，知道他是个官场新手，天长知县是他实授的第一个差遣，料想也不是什么明察庶务的能员，不免心生轻慢。

县衙内有个姓赵的帖司，在衙内办差数十年，为人桀傲，但因精于吏事，人人畏服，前后几任知县都奈何他不得。包拯莅任，他故伎重施，要给包拯一个下马威。

赵帖司纠集起一班吏员，故意挑选繁难的公事，扎堆呈报上去，请求包知县尽快批判。不料这包知县竟然娴熟政务，事事精通，简直就是个刀笔老手，而且精力过人，脑子转得也快，批判起文书条理清晰，要言不烦，赵帖司等人不但未能将他难倒，反而时常在他的诘问下左支右绌，狼狈不堪。

赵帖司从没见过这样的县官，深感意外，知道遇上了厉害角色，于是转趋低调，不敢再找事挑衅。

然而他不找事，包知县却找起事来，仿佛批判文书上了瘾，天天召衙中胥吏处理案牍，清查簿册。

赵帖司叫苦不迭，其他胥吏也都怪他多事，不该冒犯新知县，连累大家跟着受苦。

一日午后，他们正陪包知县在厅事里稽核赋役册籍，一名下乡办差的差役回衙复命。包拯听他禀报完差事，貌似不经意地问了一句：

"你此去办差，途经川桥河，夏汛将至，你看那河堤可否坚固？"

差役茫然道："小人此行的确经过川桥河，但那河沿只是泥岸，并无堤防，大人想是记错了。"

包拯微微一笑，示意他下去。

差役疑惑地退下。

公案上文书堆积如山，包拯从中翻检，抽出来一份簿册，掷到赵帖司面前。

"这是你勾管造报的河工清册，共计十二项，内有一项，是在川桥河筑堤数里，从某处至某处，支领库钱两千贯。查你所述河堤位置，正是刚才那差衙所经之处。"包拯目视赵帖司，说道，

"赵帖司，你告诉本官，那河堤去了哪里？是被河水冲走了？还是被鱼蟹吃掉了？"

赵帖司大惊。区区一笔记录，夹在大堆文书里，好比一粒米藏进粮仓，别说新官初来乍到，不明情况，即便是莅任已久的知县，若不细心核查，也往往会被蒙混过去。不料这位包知县竟然过目不忘，一句话便将赵帖司当场揭穿。

包拯命人将赵帖司投入县牢，严行鞫问，查明所有贪墨情事，将他削职定罪。

胥吏们无不震恐，衙内风气随之焕然一新。

3

一日上午，包拯升堂判案。排在第一个的是一桩命案。两帮人在柜坊聚赌，因为赌金闹起来，双方大打出手，以至于搞出人命。押录张某将案卷呈上，人犯与证人也都押上公堂，等候讯问。

包拯刚打开案卷，却听见公堂外有人喧哗，隐约有"牛要死了"的话语，便将手中案卷放下，叫当值差役去把喧嚷的人带进来。这显然是要临时加塞了。

张押录在旁边劝道：

"人命为重，牛命为轻，令君舍人问牛，传出去恐被人讲闲话，说大人把畜生看得比人重，怕是不好。"

"这桩人命案，当事双方都是游手好闲之辈，且案情经由县尉审鞫，已经确凿无疑，只需本县走个过程，勘结署押，便可解送州府。迟延一时半刻，也没什么妨害。"包拯将案卷推到公案一侧，对张押录说道，"牛命则不然。此时正值秋耕，牛力极为重要，倘若误了耕种，他一家人便有衣食之忧。如若那牛是得了疫病，一旦传染开去，更是不可收拾。此中关节，不可不察。"

张押录如公鸡啄米般点头："大人高瞻远瞩，非小吏所及！"

报案的农夫被带上大堂，跪拜陈情，自称姓刘，家中养有一头黄牛，忙时耕种，闲时驮贩，全家用度全依赖它。今天一早，他起床去牛棚喂料，却发现黄牛满嘴是血，仔细查看，竟然是被人割了舌头。刘某大惊，立即赶来县衙报官。黄牛失去舌头，不能进食，加上失血过多，三五日内必死无疑。眼看生计将要断绝，实在是要了他们全家人的命，因此乞请大人为他作主，缉拿凶手，还他公道。

"牛舌头被割，定然会惨叫，你们竟不曾听到么？"包拯问。

"我老婆昨日与我吵架，赌气带孩子去了岳丈家，我情绪不好，睡前吃了许多酒，一觉睡到天亮。"刘某道，"确实没有听到。"

"可有嫌疑之人？"

刘某摇头："我是有名的老好人，与人从无过节，更没有得罪过谁。我来时想了一路，想不出谁会这样害我。"

包拯沉吟片刻，说道："既然如此，凶犯怕是找不到了。你回去把牛宰了，将肉拿去卖钱，也好弥补损失。"

刘某大喜："太好了，我也正是这个想法。只是大人得给我一张公凭，我才敢宰杀。"

刘某又道："还请求公凭发得快些，若是拖延几天，黄牛掉膘，便会少卖不少钱。"

农夫在大堂上跪拜陈情。

张押录急忙咳嗽几声，又向包拯使眼色，意在提醒他要慎重。

包拯却像没有看到，对刘某笑道："依你。"吩咐差役去取一张屠牛公凭，随同刘某回家勘验，倘若所说属实，便将公凭发给他。又叮嘱刘某务必悄悄屠宰，千万不要走漏风声。刘某连声答应，千恩万谢，跟随差役下堂去了。

张押录眼看着刘某欢喜地回去了，急得摇头跌足，请求包拯暂时退堂，说他有话要禀报。

包拯与他来到后堂，问他有何话说。

张押录道："小吏觉得，那刘某很是可疑。"

"此话怎讲？"

"那牛既然对刘某如此重要，被人残害，他理应如丧考妣，可是他虽然愤怒，却并无悲痛之色。大人一恩准他宰杀卖钱，他立刻便欢喜雀跃。这哪里是受害者应有的表现？其中必有隐情，令君不要被他蒙骗了。"

包拯道："你以为有何隐情？"

"我大宋严禁屠杀耕牛，如果有私宰者，判决徒刑一年半，如果是盗杀，罪行更重。"张押录道，"但也并不是一概不能杀，如果是那老的、病的、不能下田耕地的牛，主人家向官府投状，勘验属实，便可发给公凭，允许他开剥售卖。但因为牛肉味美，人人爱吃，合法宰杀的牛肉又太少，于是就成了奇货，一斤可卖百钱。市面上买卖一头壮牛，不过六七千钱，如果宰了卖肉，以三百斤计，便可得钱三万，可以说是暴利。因此便有许多贪婪之徒冒险试法，盗杀他人之牛，在黑市上售卖。更有奸民故意将自家的牛弄伤，使其不能耕田，再到官府投状领凭，理直气壮地宰杀。今天这刘某自称受害，却满面喜色，在小吏看来，便有这种嫌疑。"

包拯笑道："张押录心思缜密，本县很佩服。只是本县已经判了，不好再改口，你去告知衙中知情的吏役，严禁对外透露，只当此事没有发生过罢了。"

张押录道："这，只怕是纸里包不住火呀……"

包拯的脸板起来："你要让本县难堪么？"

张押录不敢再说，唯唯而退。

4

次日上午，包拯刚刚升堂，便有人击鼓报官，检举刘某私宰耕牛。

此人身材壮硕，短衣麻鞋，嘴巴周边有一圈短短的髭须，自称姓秦，与刘某同村，因见刘某无视国法私宰耕牛，特来举报。

大堂上的差役都已经得到训诫，不准对外人讲刘某的事，知道包知县搞出了乌龙，要压下此案。此时有人来检举，势必隐瞒不住。朝廷为禁绝杀牛，设有很高的赏格，鼓励百姓检举揭发。秦某报官，必是冲着赏金来的。此人一看就是不好打发的人，如果得不到赏钱，肯定不会善罢甘休。大家都不知包知县将如何收场。

包拯听秦某讲完，勃然大怒，一副刚刚知情的模样。

"这刘某是吃了什么熊心豹子胆，竟敢公然犯法，宰杀耕牛？"

"禀告令君，他也不是公然宰牛，谅他再是狂妄，也没那个胆色。他找了个理由，说是有人割了牛的舌头，牛横竖要死，索性就宰了。小人估摸，他一定也会用这个理由来搪塞令君。"

包拯点头："原来如此。"他沉吟了一下，说道："你先到外间等着，等我料理完手头公事，再叫你过来说话。"不由分说，叫一名差役将秦某带下堂去。

张押录冷眼旁观，见包拯脸色异常难看，不禁摇头叹息。

"我就说，这事是瞒不住的，果然……"

包拯也叹了口气："张押录说的对，纸究竟是包不住火的。"他叫来当值的差役，在差役耳边如此这般吩咐了几句。差役躬身而退。

包拯继续审理案子，案子审完，又去处理其他公务。

张押录提醒他秦某还在偏房等着。

包拯笑道："他揭发刘某，岂不是让我为难？先晾他半日，中午也不要给他饭吃。"

张押录道："事已至此，怕是躲不过去了。"

包拯道："躲自然是躲不过去，拖一下却未必没有好处。前几天雨水泛滥，城南有多处陂塘溃决，你先陪我去巡察一遍。"

张押录不大情愿，却也不敢违拗。

两人巡察归来，已是下午五点多钟，张押录再次提醒秦某还在等候。

包拯道："不急，再晾一会儿。"

张押录道："令君一味推延，怕会让他猜疑，认为令君袒护刘某，有损令君的清名。"

包拯哈哈一笑，不置可否。

上午那名当值的差役匆匆走进来，将几页纸呈给包拯，并称一应人证都已押到县衙。

包拯将那几页纸看罢，对张押录笑道："张押录既然如此关心此案，咱们这就升堂，做个了断吧。"

秦某被软禁在偏房，早已焦躁不已，听到传唤，立即气鼓鼓地赶往大堂。他已打定主意，包知县必须要给自己一个说法，否则就去监司告状，告他刁难检举，包庇罪犯。然而一进到大堂，他顿觉气氛不对，包知县的脸板得像金刚，全无之前和颜悦色的样子。

"你这个泼皮无赖，你盗割刘某的牛舌，又

来诬告主家，还不认罪？"包拯大喝。

秦某大惊失色，连喊冤枉："令君若不愿给我赏钱，也就罢了，怎能颠倒是非，凭空污我清白？"秦某又道，"令君虽是官长，也要讲王法。"

"你还知道有王法！"包拯喝道，"那刘某发现牛舌被割，立即赶来报官，我又命他不许声张，以免走漏消息，除了衙中差役，再无第二个人知晓。你倒说说，你是怎么知道他的牛被割了舌头？"

秦某瞠目结舌，支吾难对。

张押录在旁边说道："想是那刘某得意忘形，口风不紧，说了出去，也是有可能的。"

包拯笑道："秦某做了什么，他自己都答不出来，你倒替他答了，张押录，你莫不是袁天罡转世，可以神机妙算，无所不知？"

张押录惶恐道："小吏只是猜测……"

"王法无情，岂能靠猜测办案？"包拯道，"本县若没有证据，谅这秦某也不会认罪。"将那几页纸递给禀笔的书吏："念给他听。"

书吏接过供状，照文宣读，原来是秦某妻子

的认罪书。

上午那名差役带人赶到秦某所在的村庄，先找户长询问秦某为人。户长说他是村里有名的破落户，除了吃酒赌钱，无所事事，并且极是嘴馋，常去铺坊赊肉吃，不赊给他，就找茬闹事。

差役立即带人来到秦某家，叫出秦某妻子，声称他丈夫盗割他人牛舌，已经在县衙大堂上认罪，那条牛舌是罪证，命她速速交出来。

秦妻大惊，以为事情果真已经败露，顺口说道："他前天夜里把牛舌头拿回来，马上去卤了吃掉了，哪里还有？"

差役当即取出纸笔，将秦妻的话记录下来，令户长和围观的街坊具结作证。

秦某听书吏读完，面色如土，眼睛不住地瞟张押录。

张押录垂眼低眉，只当没有看到。

"大宋国法，伤害他人耕牛致死，首犯死罪，从犯减一等。"包拯道，"你与刘某无怨无仇，也不至于为了解馋，冒杀身之祸去偷他的牛舌头，这其中必有隐情。我听说你欠的赌债都已经还上了，是谁给你的钱？为何要给你钱？"

秦某哆嗦不已，却只是闭口不言。

包拯道："你是思量着有人撑腰，要顽抗到底？还是怕被人报复，不敢招认？"

县尉去州府办差回来，找知县禀事，在旁边听了一会儿，心里已经有数，便开口说道："这种腌臜泼皮，不动大刑谅他不招，先打断他两条腿，叫他死死心。"

包拯说："有道理。"随即喝道："来人，大刑伺候！"

秦某大叫："我招！我招！"

张押录悄然后退，想要逃出大堂。

包拯向县尉使个眼色，县尉心领神会，立即上前截住他的去路。

"张押录往哪里去？"包拯道，"好戏才要开场，你不一起听听么？"

秦某嚷道："就是他唆使小人干的……"

张押录一听，撒腿便跑。

包拯大喝一声："拿下！"县尉飞起一脚，将张押录踹翻在地，几名差役冲上前去，将他紧紧按住。

两人先后招供。

原来赵帖司被包拯严行惩治，不但赃物没官，又杖责一百，革除吏职。赵帖司痛恨不已，觉得是自己时运不好，才遇到包拯这个扫把星，于是找风水先生询问改运的办法。风水先生建议他迁一下祖坟，选中的风水宝地，便是刘某家的一块良田。赵帖司骄横惯了，原想随便出几个钱，把刘某的地买过来，然而刘某却说那是祖业，贵贱不卖。

赵帖司大怒，以为是刘某看见自己倒台，不再把自己放到眼里，于是与姻亲张押录合谋，想了个一石二鸟之计：先买通破落户秦某，让他毁伤刘某的牛，等刘某去报官，再由张押录诬陷他是自导自演，害他坐牢；然后再怂恿刘家人去监司鸣冤，告包拯制造冤狱，把包拯拉下马。

不料包拯并没有听从张押录的诱导，反而要"将错就错"。

张押录以为包拯真的认为自己判错了，只是死要面子，不愿改口，便指派秦某来举发，逼迫包拯对刘某下手。

没想到百密一疏，那姓秦的竟是个馋鬼，叫他毁伤刘某的牛，他却割了牛舌头回去卤了吃，以至于成为铁证，被包拯挖了出来。

包拯将供词看过一遍，命张押录和秦某画押，将两人投入县牢，又派弓手即刻前去捉拿赵帖司。

处置已毕，包拯传令退堂，与县尉去签押房谈公事。

县尉对包拯佩服得五体投地，问他是如何识破张押录诡计的。

包拯笑道："我一开始并不知道张押录的用心。我虽知晓张押录与赵帖司是姻亲，但张押录一向奉公守法，也能办事，所以仍然信任他。我最初只是认定刘某并非自导自演。试想，他如果要伤牛宰杀，大可以在农闲时去做，如今正是秋耕用牛的时候，他怎么会挑这样的时间？再说，他如果要伤牛，毁牛眼砍牛腿都可以，何必要费力去割牛舌头？况且牛没了舌头，不能吃喝，数日之内必死无疑，而官府行事，又不是他能掌控的，万一拿不到公凭，他岂非白白损失一头耕牛？所以我断定他并非弄虚作假，于是就故布迷阵，意在钓出下手作恶的人。不料张押录却一口咬定刘某是自导自演，竭力要入他的罪。他如此坚持，就使我生了疑心，暗中让差役询问刘某，与张押录和赵帖司可有过节。刘某说并无过节，只是赵帖司想买他的良田，没有卖给他。我便料定其中必有问题，于是将计就计，来了个假痴不癫，他们果然中计了。"

不仅县尉拜服，天长县绅民更是将包拯奉为神明。

5

一日，包拯与几位乡绅商议完兴办学校的事，在厅事里闲话家常。一名乡绅讲起民间的传闻，说包令君是天上的文曲星转世，在他出生之前，他父亲梦到一位青脸红发的神仙，从天上降落到他们家。

包拯大笑。

"哪里有青脸红发的神仙？"包拯道，"本县相貌有那么丑恶么？"

乡绅们也都笑起来。

包拯道："除奸安良，造福一方，是州县的本分。你们传出话去，不要让百姓这样造神，本县实不敢当。"

"百姓遇到好官，心中感念，给不了他官爵前程，就给他个好口碑。"那名乡绅道，"造神是老百姓感恩的一个方式，也是好口碑的极致。县民一片美意，令君就不必刻意拂逆了。"

"不可以，"包拯摇头道，"你被造神，百姓就会用神来要求你。神是无所不能的，但人毕竟是人，不可能有什么神通。所以你看这古往今来，但凡是活着就被造神，到后来没几个不破灭的。与其破灭后被百姓唾弃，不如老老实实做人。"

包拯在天长县三年，百废尽举，民风熙穆。任满之后，以考绩上等改迁殿中丞，徙知端州。

不持一砚归

1

包拯刚到端州，文彦博的信也到了。

文彦博来信有两个意思：一是祝贺包拯履新，二是让包拯帮忙搞一方端砚。

文彦博于年前自兖州通判擢为监察御史，刚刚到任，父亲就去世了，于是解职丁忧，在家守孝。

文彦博的书法极好，笔势清劲，风格爽利，颇有大家气象，关系好的同年开他玩笑，说他如果不做官，去东京相国寺卖字能发大财。文人墨客最爱文房四宝，端砚是群砚之首，极为难得，买一方端砚放置案头，是所有文人的理想，何况是文彦博这样酷爱书法的人。

端州是端砚产地，如今包拯去端州当知州，正是近水楼台，文彦博雅癖发作，便迫不及待地提出请求，反正是知交好友，即使这个要求俗气了点，也没什么难为情。

包拯的恩师刘筠有一方端砚，是真宗皇帝所赐，刘筠非常珍爱，平常文牍都不舍得用，只在吟诗作文或撰写奏章时才拿出来。所以包拯看完信后，十分理解文彦博的愿望和心情。

2

一日，包拯忙完公务，与州府属员闲聊几句家常，随口询问哪里可以买到端砚，一般是什么价钱。

通判笑道："使君要用砚台来办公，哪里还用您自己花钱买？底下的人做事太不仔细，早早就该给您预备好才是。"

包拯道："我说的是端砚，拿来当礼物送友人的，不是办公用的。"

通判道："使君您身为端州太守，一应礼品，自然由端州采办。"

包拯眉头皱起来："公私分明，是做官第一要义，岂能混为一谈？"

通判见知州不高兴了，赶紧陪笑道："使君您教训得是，下官言辞不当，请使君恕罪！"

这天晚上，包拯正在翻阅端州方志，了解本地风土人情，录事参军王某求见。

包拯正看到兴头上，对端州一个民俗极感兴趣，只是书上语焉不详，颇感遗憾。包拯认为他在此地做官已久，想必非常熟悉，正好请教一下，便传见了他。不料王录参甚至都不知道端州还有这样一个习俗，辩称平日忙于公务，没工夫留意这些民间小事，赶明儿去找个本地老学究来向使君禀告。

包拯有点失望。

"民俗是地方精神之所系，不了解民俗，怎么了解民风？不了解民风，怎么能体察民情？"包拯道，"这是地方官为政的根基，可不是什么小事啊。"

王录参连声说受教了。

包拯问他这次来是有什么事。

王录参从怀中掏出一个用黄绫包裹的东西，将黄绫打开，却是一方制作精美的砚台。

"听说使君您要给友人送个砚台作为礼物，州廨里原本是有的，都被前知州一揽子带走了。现在就让工匠进献，也不是难事，但那极品的砚台却不是时时都有，要凑着绝好的石料，绝好的工匠，加上绝好的运气，才能得到一块，实在是可遇而不可求。下官在端州多年，机缘巧合，才得到这方老坑紫云砚，视为传家之宝。今日特地献上，聊表下官的一点敬意。"

包拯接过砚台，捧在手中欣赏，但见石色润紫，质地坚实而细腻，雕工亦是不凡，峰峦脉脉，云水依依，千里江山尽在眼底。

包拯赞叹不已，说道："李长吉有诗：'端州石工巧如神，踏天磨刀割紫云。'果然是神工妙手，令人叹为观止！"

他对王录参说："如此珍稀之物，又是录参的传家之宝，我怎能夺人之爱呀？"

王录参道："为使君分忧，本就是下官的职责，只要使君和您的朋友喜欢，就是我的荣幸。徐铉曾赠人一方端溪砚，并赋诗一首，其中有一句：'巾箱各珍重，所贵在交情。'下官看重的，也是这份交情啊。"

包拯笑道："那我就先留下了。"

"使君切勿客气！"

第二天上午，包拯传召州府僚属到长官厅茶叙，茶具茶叶自带。

王录参自恃知州已经收了他的厚礼，从此之后必定另眼相看，不禁有些飘飘然。

他往常在录事厅用的茶碗是紫定盖碗，每日吃的茶则是紫笋茶。包拯莅任后，桌案上一天到晚摆着一只黑陶茶碗，不知道用的是什么茶，从气味上来判断好像是市井间的粗货。新知州如此节俭，也许是天性清朴，也许是装模作样，但不管怎样，上官这么做，做下属的也不敢僭越，于是他立即把自己的茶具茶叶换成了粗陶和老茶。

包拯与州府僚属在长官厅茶叙。

长官厅上临时摆了几张几案，僚吏们将自己的茶碗一一摆放，清一色都是粗陶，只有推官一人仍旧用的寻常建盏。

王录参坐在推官旁边，瞟瞟他的建盏，心里讥笑他不长眼色，活该一直被同僚挤兑。

一会儿包拯到来，王录参突然愣住了：知州手中托着一块黄绫包裹的东西，正是自己昨晚奉送的紫云砚。

包拯将东西放到几案上，吩咐差役为诸公献茶。所谓献茶，只是差役捧着一只天青釉瓜棱汤瓶，给在座诸公的茶碗内添注热水，为他们冲泡自备的茶末。

大家都吃惯了点茶，如此寒碜的吃法是头一回遇到，心里不免觉得有失官家的体面。

包拯倒是泰然自若，一点也不觉得难为情。

"咱们端州最有名的特产，大概就是端砚了。"包拯道，"刘禹锡有诗：'端州石砚人间重'，得到一块端砚，是每个文人雅士都有的梦想，所谓'寻常濡翰次，恨不到端溪'。这不，我刚到端州上任，气儿都没喘过来，就有老朋友来信，叫我务必给他买一块端砚，说他以后就指着这端砚写字儿了。"

包拯将黄绫打开，取出那块紫云砚。

"有人知道我需要端砚，大晚上的给我送了一方。我看着是极好的，但毕竟是外行，诸位在端州多年，想必都是懂砚的，所以请大家来帮我品鉴一下。"

通判接过砚台，翻来覆去看了几下，连称好砚，然后递给王录参。王录参尴尬不已，装样子看了两眼，递给旁边的推官。推官随手转递给司户参军。诸位官僚依次看过，无不叫好，只有王录参和那个推官一语不发。

包拯说："却是好在哪里，诸位都请说一说。"

通判说："端砚最妙之处，在于润，石中自含水气，砚池中不需注水，只要呵一口气，即可研磨。这方紫云砚不仅石质坚细，而且极其水润，今日天气干燥，它却像是泡在水里一般，实在是妙不可言。"

包拯说："依你看，这方砚台能值多少钱？"

通判说："这不好说，下官不懂行市，不过估量着，值个五十千钱是没问题的。"

"嚯！"包拯惊呼一声，将砚台小心地放到几案中央，似乎是害怕放偏了，就可能跌落损坏。

"这倒让我想起孙甫的故事。"他说，"孙甫在邓州当知州时，有人送他一方端砚，说是值三十千钱。孙甫问道，这砚台有什么奇异之处，竟然这么贵？那人说，砚石以润泽为佳，这块砚呵上一口气，就会有水渗出来。孙甫说，就算真能呵出水来，呵一天也不过呵出一桶水，最多值三个钱，我又不缺水，我要它干嘛？"

众人大笑。

通判又说："那是在他们邓州，在咱们端州，一桶水可不只三个钱，若是江水，一桶要五个钱，若是山溪水，得十个钱。不过跟三十千钱、五十千钱相比，也只是九牛一毛，横竖都不算什么。"

包拯小心地将砚台包裹好："诸位或许会笑孙甫太俗气，但要知道，孙甫可是有名的大文人，诗文俱佳，精通经史，尤其擅长史学。他不是没有文人的雅好，而是不愿受赇纳贿，污了自己的清名。清廉的官员，是民众的表率；贪腐的官员，是民众的敌人。包拯忝为端州知州，上任之初，还没有尺寸之功，先接受贵重之贿，还如何号令群吏，取信于人？以后遇到孙甫，我又有何面目与他相见？"

他将砚台包起来，望向王录参："王录参，这方宝砚，还请你拿回去吧。你以此砚为传家之宝，我以清廉为立身之宝，我收了你这砚台，咱们就都失去了自己的至宝。咱们还是各留其宝吧。"

众人都望向王录参。

王录参尴尬无比，讪讪地将砚台取回，藏到怀里。

包拯道："本官以这样的方式退还砚台，似乎是伤人脸面，不近人情。可是诸位，贪赃受贿，国法不容，国法里哪有什么情面？本官这一举动，正是要昭告端州官民，本官不收取任何馈赠，更不接受贿赂，不要在这种事上心存侥幸，浪费彼此的时间，否则，将会比今日更加难看。"

众人都点头说是，很快散去。

通判与王录参各回本厅理事，因为顺路便相伴而行。

通判见王录参脸色铁青，有点幸灾乐祸，取笑他拍马屁拍到马蹄子上。

"使君清廉自持，下官佩服得很。"王录参冷笑道，"只是下官很好奇，他那朋友的嘱托，不知将如何完成，难不成真要自个儿花钱去买？殿中丞的俸禄，可没那么高哇。"

通判道："你又自作多情了不是？使君自会有妙计，用得着你来操心？"

王录参道："我这不是担心使君的清誉嘛，万一不小心，出了什么差池，以致使君清名有亏，岂不是害了他？咱们可得盯仔细点儿。"

通判大笑。

两人边说边走，路过一棵石榴树，那树正在开花，繁密的花瓣布满枝头，在明媚的阳光下极是鲜艳。

王录参举手揪下一朵榴花，在鼻子下嗅了嗅。"五月榴花照眼明。再过一两个月，端州进贡的时间又要到了，可真是时光如梭啊。"他"嗤"地冷笑一声，"我倒要看看，这位清廉自持的包使君，一方砚他不要，三百方砚他要不要。"

3

包拯的俸禄的确买不起那么贵的砚台，况且端州远在岭南，赴任不易，几千里长途跋涉，路上的花费也是不小，此刻已经囊中空虚。但他以为，端州既然是端砚产地，本地售卖肯定要便宜得多——文彦博也是这样想的——或许能在可承受的价钱内买个不错的。

于是在休假那日，他微服出行，想到砚台店里捡个漏，顺便察访一下民情。

端州毕竟是边远地区，不像中原的繁华，州城内的商肆稀稀拉拉，生意也颇为冷清。街道上行人不多，且有不少人面容憔悴、身形羸弱，一副病怏怏的样子。包拯联想到府内的差役也有许多人身体欠佳，觉得很是蹊跷。

同样让他感到奇怪的是，卖端砚的店铺居然非常之少，远不是想象中满街都是的热闹景象。

他一路问询，走了很久，才找到几家卖端砚的店铺。售卖的砚台也都很一般，不是品质普通，就是砚体残次，几家店铺看完，竟没找到一方满意的，更不要说像王录参的紫云砚那般惊艳的了。他知道文彦博是公子习气，车马服玩无不讲究，如果买个次品送给他，必定让他失望。即使这些次品，价钱也都不菲，根本不是想象中的物美价廉。

包拯为自己的想当然而惭愧，忍不住抱怨了一句："这些砚也不见得多好，怎么要价这般高呢？"

店家打量了一下包拯，笑道："客人这么讲话，是懂货不懂行。"

"什么叫懂货不懂行？"

"说客人懂货，是这些砚的确都不怎么好，在端州市面上，客人也休想找到上佳的端砚。说您不懂行，是您只觉着我要价高，却不知制作端砚有多么艰难。好砚料极是难得，因为那石脉狭窄散乱，不容易找到，往往要在峭崖绝壁上采凿，坑道又大多在岩缝之间，蜿蜒曲折，极易崩塌。因此石工入山，常有性命之忧。我这些砚台诚然不是佳品，但这价钱，却也不是漫天开口，欺诈客人呢。"

包拯道:"这么说来,是我冒昧了。只是端州是端砚产地,怎么本州市面上却没有好砚售卖?"

店家探头观望一番,只见街道上冷冷清清,并无别人,才对包拯说道:"客人有所不知,正是因为端砚太好,才给自己惹了大祸,每年要给朝廷进贡三百方。想那极品砚石是难得之物,哪里会有这么多?官府便百般催逼,到期不能如数上缴,就有受不尽的皮肉之苦。石工只能拼了命去采凿,匠工也揪着心地雕琢。贡品归官之后,剩下那些好的,又都被官府的人以极低的价钱收罗去,转手卖给外地客商牟利。他们怕有人隐匿不交,派了专人在各坊巡查,一旦发现私藏,便有家破人亡的灾祸。客人您说说,哪里还能有好砚在端州这市面上卖?"

包拯心中一惊。端州的确有贡砚之责,太宗皇帝淳化二年(991)曾一度停止进贡,但后来又恢复了。但据包拯前几日查阅簿册,每年进贡之数只是十方而已,哪里说了要三百方?他想起王录参送来砚台那晚说的一句话——"州廨里原本是有的，都被前知州一揽子带走了"，心中便已有数。而官府中人欺行霸市，强夺民利，更是明目张胆的犯法！

包拯忍住心中的怒火，说道："您所说的都是事实？"

店家笑了笑，说："我倒希望是假的。"

"那强买砚台的官府中人，你可知道他的姓名？"

店家狐疑地看了包拯一眼："客人问这个做什么？难道你是朝廷派来微服私访的钦差？"

包拯笑道："我只是好奇而已。"

店家道："我也是跟您随便说说，您就别再问了，您就算真是钦差，我也是不敢说的。这砚台，您还买吗？"

包拯知道他不敢说真话，便不再多问，说明是要买个上品砚台赠送友人，店里的砚台都不够好。

店家很遗憾，却也无奈。

包拯辞别店家，继续在州城里各处走动，发现有病态的人竟然很是普遍，而路途中零星遇到的几家砚铺，售卖的也果然都是次品。

4

回到州衙，他派人召来医博士，询问州中为何有那么多身体羸弱的人。

医博士对此事研究很久了，认为是饮用江水导致的。州城地下掘井丈余仍不见水，所以州城中人都是喝城外西江之水。以前也没有什么问题，但这几十年来，州城中人却渐渐流行起一种怪病——无力、消瘦、骨节变形。前后几任医博士都束手无策，本任医博士原先也不得其解，后来发现，权贵之家因嫌江水不干净，加上吃点茶的风气，偏好山林之水，都花大价钱买山泉水，而这些家族几乎没有人得此怪病，因此他判断是饮用江水所致。

他多次建议官长想办法解决此事，但因没有什么解决的好办法，兼之官长们喝的也都是山泉水，没有得病的忧虑，所以历任知州对此都很淡漠。医博士也就不再提此事。

包拯忽然想起那天在长官厅茶叙，通判说端州水贵，山泉水更贵，当时未曾多想，却不知竟是这个缘故。

他问医博士是什么缘故让江水致病，医博士摇头，称只知其然，不知其所以然。

包拯便叫医博士陪同自己去江边勘察。医博士见新知州如此关心此事，想必是有意解决，极感振奋，连声答应。

包拯叫上几名差役，与医博士直奔城外。

两人边走边谈，到江边时，包拯已大略知晓了江水致病的地域范围。

据医博士讲，西江上游数十里外，没有人得这个病，西江下游数十里外，患病者也逐渐减少，一百五十里以下基本就不再有得病的。他们判断，致病源头应在上游数十里内。

他们沿江而上，并没有发现什么异常，只是水质相对浑浊而已。再往上走，发现一条溪流注入江中，溪水明显浑浊。

包拯有意逆溪而上，去看看怎么回事。医博士说他以前勘察过，是山上采凿砚石，到处滥掘乱挖，翻出来的岩土被溪水冲蚀，就成了这个样子，没什么可看的，且太阳已经西垂，如果要上山察看，怕是赶不回州城了。

包拯听到是因为采凿砚石，更加想去看看。医博士无奈，只好在前头带路。

一行人翻山越岭，进到山脉深处，果然看到许多翻开的石坑，一伙伙石工在其间忙碌发掘，工地上混乱不堪。

包拯来到一个石坑旁，与休息的老石工攀谈，问他们干嘛要这样到处滥挖。

包拯一行皆是微服，老石工以为他们是游山玩水的闲人，疲惫地叹了口气。

"每年得上交三百方贡品啊，全都要极品石料，凑不够数要罚，成色不好也要罚，不挖行吗？"

看来店家说的果然不假。包拯心头怒起，强笑道："谁说朝廷要这么多贡品？"

"官府呗。"

"官府说多少，你们就信多少？"

"我们区区百姓，哪里知道朝廷的事？还不是官府说多少就是多少。"老石工道，"就算不信，官府来要，你也得给呀。"

包拯与老石工攀谈。

包拯道："这么采挖，岂不是杀鸡取卵，竭泽而渔？早早的就要把山岩掏空了。"

"掏空了好啊，掏空了上面就放手了。"老石工道，"我们受这般罪，就是因为有这东西，不但得不到好处，还不准我们搬迁改业，活脱脱成了囚徒。哪天这石料真没了，我们也就解放了。"

包拯沉吟了一会儿，又问道："我听说，还有官府的人欺行霸市，用贱价强买好砚，有这回事么？"

老石工冷笑了一下："听先生口音是外地人，难怪你会这么问，在我们端州，谁不知道这件事呢？"

"你们为什么不去监司告状？"

"先生真是读书人，说话一股子呆气。"老石工笑道，"你想那些上司哪个不曾吃过他们好处？去告状？那真是活腻了。"

包拯也笑了："那么老丈可知官府里那些人的姓名？"

老石工频频摇头："这可不敢说。先生还是好好地游山玩水，不要多问，以免惹祸上身。"

包拯不再勉强，又勘察了多处石坑，发现挖出来的岩土无不是散乱堆置，不少都已侵入溪道，被溪水冲刷而下。

包拯心头有所触动，便问医博士，江水致病，会不会与这些岩土影响了水质有关。

医博士摇头说，他是医官，没有凭据的事不能乱讲，不过他可以回去查查历任医官的记录，看看疾病流行与砚坑滥采之间有没有时间上的关联。

第二天一早，包拯还在洗沐，医博士便已在廨外求见。

包拯急忙命人传进。

医博士精神疲惫，两眼泛红，想必是一夜未睡，一问果然。他已经查证得实，最早有疾病流行的记录，与砚坑滥采在时间上有明确关系，正是朝廷重命贡砚、山上大肆采石之后，才逐渐大规模发病，所以他判断与岩土有关，可能是岩土中包含某种有毒之物，被溪水带入江中，导致了这一病情。至于是何毒物，如何解救，却委实难以求证。当然，这也只是推测，并非确凿之论。只是另寻安全的水源，无疑是当务之急。

包拯问他可有什么好办法。医博士说他曾经想过从山中引水入城，但反复计算之后，觉得困难太大，难以办理，所以最好的办法还是凿井。他不相信地下没水，只是水脉太少并且太深而已。所以他建议包拯找精通地舆之人勘测水脉，试挖深井。

包拯深以为然，即传兼掌工曹的司户参军前来，叫他与医博士通力协作，一起负责凿井之事。

司户参军与医博士领命而去。

5

包拯又传来王录参，询问贡砚之事。

王录参正等着他提这件事，遂将应贡之数和往年惯例讲给他听。果然是以前的知州贪婪，以进贡之名肆意加收，拿来献与上司及朝中大臣，以结权贵之欢，甚至层层加码，到前任知州时，竟至于加到了三十倍之多。

"这虽是陋规，但年年如此，已成惯例，好比是公使钱，虽非份内的俸禄，却是官长们公认的福利。使君不是也要送友人么？这就有了。"

"王录参真真是贴心，这三百方美砚也真是诱人。"包拯道，"只是我包某已昭告官民，绝不贪赃，即使有五千方五万方，也不会私留一个。你去发个告示，自今之后，州府仅收应贡之数，滥派砚只一概免除。"王录参正要开口，包拯说："不要多说了，即刻去办，几天之后，我会派推官前往访查，看看实效。下去吧。"

王录参本想借此将包拯拉下水，再阴谋报复。他不相信世界上真有绝对的清官，有的官员之所以清廉，是因为诱惑不够。以前也有知州表现得很清高，就任之初宣称一介不取，可是一看到三百方极品紫石砚，没有一个不把说过的话吞回去的。不料这个包拯竟然真的是油盐不进，三百方极品砚啊，他居然也不动心！

王录参很沮丧，悻悻然地回到录事厅起草告示去发布。

包拯看着王录参退下，立即写了一封信，命差役即刻送往广南东路提点刑狱司，一定要当面交给提刑官周湛大人亲启。

包拯已决意要整治端砚乱象，这一恶政已历数十年，他料定其中的利益早已盘根错节，州中恐怕已经少有可信之人，即使是上级监司，也大概率被收买了，因此他要向周提刑请求援助。

周湛官声很好，而且来广南东路履任不久，一定还没有趟进浑水。

差役离开后，包拯又传召推官来议事。

包拯对推官了解不多，但就那天长官厅茶叙时所见，他与其他官吏似乎格格不入，自始至终一言不发，其他官吏也都懒得搭理他。如果州衙里还有人可用，包拯认为他是一个。他密令推官如此这般，务必查出欺行霸市的元凶。

推官沉吟了一会儿，说道：

"使君刚一上任就要除此大恶，下官自当肝脑涂地。只是使君不该先下令撤了滥收的贡砚，恐怕他们已有警觉。"

"我也想过这个，只是那些砚工饱受惨刻剥

夺，艰辛备至，我实在不忍心他们再多受一日之苦。况且滥采一天，有毒的岩土就要多挖出来许多，必须先行停罢。"包拯道，"所以你须如此如此，下手务必要快。"

推官领命而去。

两日之后，医博士与司户参军复命，他们请到堪舆高人查寻水脉，已经定下几个井眼。包拯便命他们立即开凿水井。

这天晚上，推官漏夜进见，呈上厚厚一沓证供。他已访查得实，欺行霸市的元凶便是王录参。

王录参原本在高要县做县尉时便已染指端砚买卖，后经磨勘，升任端州司录参军，更是一手遮天，垄断了贡砚之外的好砚交易。前任知州因有更大的好处，对王录参的罪行视而不见，百般纵容。推官虽对王录参的罪行略知一二，只是王录参已将上下全都买通，官长不办，他也不敢强自出头。

推官奉命去砚户寻访人证，正好遇到王录参

的经纪带着手下鹰犬去搜刮砚台，张牙舞爪恶形恶状。推官立即将他们拿下，经过一番充满技术性的鞫问，便审明了一切。

包拯看过证供，很是满意。

"这么大的动静，已经打草惊蛇，既然罪证确凿，赶紧将王某拿下吧，免得在外面多生事端。"

推官领命，连夜带人将王录参捉拿归案。王录参果然已派人向监司求救。

推官早就看不惯他，岂容他狡赖，几番推鞫，就让他老实招供了。

提刑官周湛收到包拯的信件，派遣副官钱聿前来端州坐镇办案。但等钱聿赶到时，案子已经审完结案了。

监司有人意图营救，也被周湛及时压住了。

钱聿返回提刑司汇报案情，并将包拯拒贿、罢砚、凿井等事汇报给周湛。

经过多日开凿，端州城内已经打出一眼水井，水质清冽甜美，水量也很丰沛。其他六眼也在相继开凿。包拯莅任不久，即为端州除去三大弊害，古代能干的官员也不过如此啊。

6

送别钱昪之后，包拯收到一封信，又是文彦博写来的。

文彦博盼砚欲穿，可是总也没见到砚台寄来，正在纳闷，忽然想起来包拯是个清介的人，赴任又要花一大笔钱，哪儿还有多余的钱给自己买砚？万一他为了满足自己的欲望而私受贿赂，岂不毁了他的清名？文彦博为自己的疏忽懊恼不已，立即寄送来五十两白银，叫包拯代为采买。

包拯已经攒了二十五千钱，自忖应该可以买个不错的砚台，况且正有意去店铺里看看，王录参伏法之后，市场上是否有所反应。

他再次微服来到那家店铺。店家对他还有印象，一见到他，立即取出一些好砚，请他鉴赏。包拯一一看去，果然都很精美，绝非先前那些次品砚台可比。问问价钱，极好的一方砚台竟然只要十千钱。

包拯很是惊讶，忙问缘故。

店家道："以前工匠辛苦造出来的好砚，都被官府和恶吏剥夺去，他们也要糊口，就在次砚上加价，所以尽管品质不好，却只能贵卖。如今包知州废除了滥收的贡砚，又惩治了霸市的恶吏，造出的好砚都归了工匠自己，虽然开价十千钱，却比以前多赚了不少呢。"

包拯极是欣慰，取出十千钱，将砚台买下。他将砚台连同五十两银子，一并给文彦博寄了回去，并附上一封信，说明拖延时日的缘由。

经此一事，文彦博以后再不敢托包拯经手采买东西了。

7

包拯在端州主政三年，兴义仓，建书院，开河渠，平狱讼，治理业绩斐然，极得吏民拥戴。任期满了，他要赴京之时，百姓争相送至城外江头，洒泪而别。

那位卖砚的店家后来得知这位客人即是包知州，惊喜之余，又颇感歉疚。

他与砚户们讲起此事，大家都认为应当有所

回报。包拯辞行之际，店家将砚户们选出的一方上好的紫云砚悄悄塞给包拯的随从，叮嘱他不要声张。

开船之后，随从觉得还是告知包拯为好，便将砚台拿出来。包拯吃了一惊，立刻便要送回去，舟子们却说什么也不愿将船开回去，同声恳求包拯收下砚户们的这份心意。

包拯无奈之下，将砚台抚摸一番，然后抛入到江水之中。

众人惊呼抢救，却为时已晚，无不感到惋惜和遗憾。

包拯抚掌笑道：

"端人之砚，留在端州，有什么可惋惜的呢？而我以清廉为宝，不持一砚归，方能保全自己，又有什么遗憾呢？"

包拯将砚台抛入江水中。

直道干君

1

自端州入朝，包拯以殿中丞之官资，超拜为监察御史里行。

监察御史里行是景祐初年设置的职位，以官资不足者充任监察御史，谓之里行。

包拯之所以能够超拜，是权御史中丞王拱辰的推荐，而王拱辰之所以提携包拯，则是老宰相吕夷简的遗愿。吕夷简一直没有忘记包拯，但这位被视为保守派领袖的老宰相最终没有等到亲手提拔包拯的机会。当包拯端州任满，进京述职时，他已经在争议中辞去相位，抱病去世。他对王拱辰有知遇之恩，辞相之后，曾与王拱辰说起，如果以后有机缘，希望王拱辰能提携一下包拯。王拱辰不忘恩师嘱托，待包拯入朝后，便向朝廷推荐，超擢为监察御史里行。

包拯在任直言敢谏，嫉恶如仇，又顾识大体，议论宏阔，而不吹毛求疵，从不在一些不必要的小节里纠缠不休，不久即改迁监察御史。之后历任户部判官、转运使、户部副使，无不恪尽职守，政绩卓著。仁宗皇帝以其耿直强干，于皇祐二年（1050）除天章阁待制，擢知谏院，成为谏官领袖。

谏院职掌谏诤，可以风闻言事，弹劾百官，与御史台合称"台谏"。包拯身为知院，自是一马当先，知无不言，言无不尽，但有违法黩职的情况，必定追究到底，越是权贵，越不放过。他弹劾宰相宋庠，称其尸位素餐，无所建树；又弹劾转运使王逵，称其苛政暴敛，惨虐不法；再弹劾宣徽南院使郭承祐，称其累任无状，贪暴不法。这三人都是仁宗皇帝的心腹宠臣，包拯却连章弹劲，仁宗只好将他们降职处理，包拯仍不依不饶，大有除恶务尽、赶尽杀绝之势，令仁宗很是头疼。

这还不是最头疼的，更让仁宗头疼的是，包拯还盯上了国丈张尧佐。

2

张尧佐是张贵妃的伯父，张贵妃之父张尧封早逝，至亲只剩下这个伯父。张贵妃得宠后，张尧佐也青云直上，由知县飞速蹿升到三司使。

三司主管大宋财赋，下辖户部、盐铁、度支三司，权势仅次于中书、门下和枢密院，官长三司使也被称为计相，往往选派强干的大臣充任。此时的大宋虽称盛世，经济繁荣，国民富足，但也有许多矛盾日趋激化，冗官、冗员、冗兵的弊害日益凸显，加上战事频仍，军费浩繁，急需大手笔、能力强的人执掌三司，厉行改革，为国分忧。张尧佐材质平庸，能力低下，仅仅因为张贵妃得宠，便身居如此重要的位置，令朝中百官极为愤慨。

包拯自是不能容忍，立即上疏反对，称张尧佐是凡庸之人，不明职事，胡作非为，天下怨声载道，请求仁宗将他罢免，实在想徇私情照顾他，给个寻常闲差安置一下就算了，不能让他担任要职。

仁宗皇帝此时对张贵妃百般宠爱，如果免去张尧佐，势必会惹张贵妃不开心。仁宗皇帝于是装聋作哑，只当没看见包拯的奏章。

包拯明白仁宗的心思，你假装看不见，我就再上一本，不光自己上奏，还联合吴奎、唐介等多位台谏官员一起上奏。

仁宗皇帝眼见躲不过去，只好免去张尧佐三司使之职。

包拯等人以为大功告成，心里很是欣慰。不料没过几天，又有制命下达，除授张尧佐为宣徽南院使、淮康军节度使、景灵宫使、同群牧制置使。

宣徽院使掌管大内及祭祀、朝会事务，很是清闲，官秩却极为尊隆，排班上朝，位置尚在三司使之前。景灵宫使亦极优崇，向来都是宰相的加职。群牧司主管大宋马政，看似不是大衙门，其官长群牧制置使却往往由枢密副使兼任，也是个不得了的职位。节度使也是宰勋故老才能得到的荣誉。张尧佐丢了一个使，却换来四个使，虽不如三司使有实权，官秩却更加尊贵。

朝野上下无不傻了眼，觉得仁宗皇帝太过分了，即使要讨好张贵妃，也不能拿朝廷的高官要职当儿戏呀。

同知谏院吴奎和谏官们惊骇之余，纷纷来找包拯，问他怎么办。包拯脸色铁青，只说出一个词："弹劾！"

包拯同吴奎等谏官率先上书，极力反对这一任命。御史中丞王举正、殿中侍御史唐介紧跟其后上奏反对。仁宗皇帝再次使出装聋作哑大法，台谏章疏如雪片般飞入宫内，他却只是置之不理。

包拯眼见上书无效，索性当面进谏，于朝会时在大殿上廷诤。

张贵妃知道外边都在反对伯父的任命，也猜

到那些讨厌的台谏官员必定会闹廷诤，深恐仁宗扛不住压力，收回成命，便在仁宗上朝前，反复叮嘱他不要屈从，伯父的四个使一个都不能丢。

仁宗答应了。他打定主意，上了朝堂就一语不发，任由包拯他们发牢骚，等他们牢骚发完了，也该退朝了。

不料想包拯等人越讲越激烈，也越讲越难听。以前还只是把责任归到后宫近侍和宰执身上，替皇上留点颜面；这回直接批斗仁宗，指责仁宗不以祖业为重，不以天下为意，上违天意，下拂人情；又骂张尧佐是圣朝之秽污，白昼之魑魅。

在谏院之外，御史台和殿中侍御史也纷纷批判，言辞激烈，大殿之上宛如三堂会审。仁宗脾气再好，也忍不下去了。

"你们有完没完?"仁宗怒道，"你们说三司使权重，不让张尧佐担任，我听从你们，罢了他的三司使，也不让他当宰执，只给了他几个没实权的职位，虚荣而已，你们还这么闹！朕身为天下之主，四海皆归我有，难道连赏赐个官职的权力都没有么？"

包拯抗声道："立官是为了治事，设职是为了奖功。这四使虽无实权，却有实位，多少人功勋卓著，舍身报国，尚且得不到一个，张尧佐无德无能，只因后宫之宠就唾手可得，并且连得四个，岂不使天下人寒心？天下诚然是陛下的天下，也是太祖太宗的天下，更是大宋亿万百姓的天下。上有祖宗遗制，下有亿万民心，哪一个不比陛下的私情更重要？陛下为了一个人的恩宠，甘愿冒万世的骂名吗？"

仁宗无言以对，起身拂袖而去。

包拯持笏而立，等不到回音，抬头望向御座，皇上已经不见了。

张贵妃正在后宫等候，看到皇上气鼓鼓地走回来，知道准没好事，赶紧迎入宫内，亲自奉茶伺候，为他宽解。

仁宗半天说不出话来，将一盏茶吃罢，才缓过气来，将朝堂上的事讲给张贵妃听，然后问跟过来的小黄门。

"他们走了没有？"

"没有呢。"小黄门道，"官家离开后，那帮人依旧纠缠不休，现正在殿庑那儿围攻宰相呢。"

仁宗大怒，立即命内侍传谕两府，今日喧哗朝堂、攻讦宰执的人都要议罪，今后再有台谏官结伙朝见，必须先到中书省申报取旨。

仁宗气还没消，内侍已经回来复命：宰执们得知皇上震怒，都深感惶恐，不敢有异议；枢密副使梁适却有不同意见。

"那梁副枢说，台谏官犯颜直谏，是他们的职责，虽然过分了，官家宽宏大量，忍一忍就是了；但是官家太宠张国丈，确实不好，恐怕也不能保全张国丈。"内侍道。

仁宗气得发愣，望着张贵妃不说话。张贵妃问内侍："文相公呢？文相公是何主张？"

"文相公没有说话。"

张贵妃大失所望。

内侍道："若不是包拯带头，谅不至于到此境地。若要议罪，包拯自是首恶，文相公与包拯是故交，夹在中间，却是两难呢。"

张贵妃与内侍口中的文相公，即是宰相文彦博。包拯的仕途已是很顺畅，文彦博更是官运亨通。吕夷简也极为赏识文彦博，不仅大力提携，还多次向仁宗皇帝称赞他的才能。

文彦博丁忧起复后，回朝复职，从此一发不可收拾，短短四五年间，便以枢密直学士、户部郎中知益州，任期未满，即召入朝中，授枢密副使，屁股尚未坐热，又转参知政事。不久又以平定贝州叛乱之功迁同中书门下平章事。皇祐元年（1049）八月，再迁昭文馆大学士，成为大宋首相。

3

这天晚上，包拯正挑灯起草奏疏，准备第二天继续上书，家人来报，说文相公到访。包拯怔了一下，似乎在意料之中，却又出乎意料之外。

包拯进京担任监察御史后，职掌纠举讽谏，而文彦博已是地方大员，为避嫌疑，两人就很少见面，也不再像从前那样书信往来。

文彦博是天生的政治家，才能出众，智谋过

人，并且敢作敢为，不避权势，也不畏风险；只是生活上不拘小节，而且喜欢举办宴会，一有空闲就与地方名士通宵畅饮，大快朵颐。

文彦博知益州时玩得尤其过火，以至于闲话都传到了东京。这虽不是大问题，也不违国法，但终究不是好事情，包拯便给他写了封信，劝他注意言行。文彦博不以为意，依旧玩得不亦乐乎。

后来流言传到了仁宗耳朵里，恰好包拯有个同事何郯是成都人，要回乡省亲，仁宗便令他顺路考察一番，看传言是否属实。

包拯为文彦博捏了一把汗，但因职责相关，不能通风报信，只有静候结果。

不料想何郯省亲归来，在仁宗面前极力为文彦博辩白，说那些闲话都是小人构陷之言。

包拯虚惊一场，但对何郯的话，他却并不相信。文彦博是治世之能臣，但却不是清心寡欲的君子，说他生活严谨，实在好笑。

何郯是个骨梗敢言之士，并且与文彦博全无交情，这一次却不知为何撒起了谎。

后来包拯才知晓，原来何郯离京不久，文彦博就得到了消息，便挑选一名能歌善舞的营妓，让她在半路上与何郯"偶遇"。何郯被营妓迷倒，还为她做了首诗。等到了成都，文彦博设宴相迎。何郯本来矜持异常，忽有一名歌妓唱着那首诗艳装登场，他定睛细看，正是那名营妓。何郯就此成了文彦博的"好朋友"。

　　包拯哭笑不得，但又不知是谁走漏的消息，直到不久后文彦博一步登天，从益州任上直入两府，他才明白过来，原来这一切都是张贵妃的功劳。

　　张贵妃与文彦博也是世交。张贵妃的父亲张尧封，是山东孙复先生的学生，与文彦博同门。张尧封家境贫寒，孙复先生将他推荐给应天府通判文洎，成为文家的门客。所以论起来，张贵妃当叫文彦博世叔。张贵妃感恩文家，也想结文彦博为外援，因此竭力相帮，在仁宗耳朵边不知说过多少好话。

　　据说，平息流言后，张贵妃暗中传话文彦

博，叫他送一些上好的蜀锦。文彦博精选丝线和织工，织造了几匹金线灯笼锦，进献给张贵妃。张贵妃裁为华服，穿给仁宗看。仁宗眼前一亮，仿佛看到瑶池中的仙女，问她衣服从何而来，张贵妃直言是文彦博所送。

"他虽然是我世叔，但一向公忠体国，哪里肯为我徇私？"张贵妃道，"他送我灯笼锦，不过是让我穿了给官家看，让官家在万机之余，能有片刻的轻松与欢喜。"

仁宗想起吕夷简生前曾经多次称赞文彦博的才能。吕夷简是仁宗最敬重的老臣，此时贵妃也如此推崇文彦博，仁宗不禁起了重用之心，便将他召入东京，逐步提拔为执政大臣。

文彦博果然是宰执之才，临事决断，举重若轻，很快获得仁宗的信任，并在张贵妃的内援下成为大宋首相。

文彦博走进书房时，包拯愣了一下。文彦博虽然总管百官，但因为精明强干，而且正是年富力强的时候，处理政事时好整以暇，从来没有疲惫之态。然而此时在灯光之下，却见他满面倦容。

他看到包拯，笑了一笑。

"皇上曾有诏令，执政大臣非休假时不能在家里会客，但却没说执政大臣不能到老友的家里拜访，所以我此番前来，并不违制。"文彦博道，"希仁兄不要见怪。"

包拯道："宽夫深夜来访，可是要做说客？"

"我若说是，你必定下逐客令。我若说不是，你又必定不信。"文彦博道，"希仁兄，我该说是呢，还是说不是？"

包拯道："宽夫既然知道横竖不是，又何必来此？还是请回吧。"

文彦博叹了口气："希仁兄，你我平生知交，意气相期，我能理解你的耿介孤高，你却不愿理解我的和光同尘！"文彦博脱去氅衣，自去挂到衣架上。

"张尧佐的任命出自中书，你们便都咬定是我在捣鬼。你们怎么骂我来着？'从谀顺旨，连结宫掖，陷圣上于不义。'你们这些谏官啊，一下口就往死里咬。但我也理解，不危言不足以动视听，所以需要言过其实。可你们今日竟然借朝会之机大闹朝堂，将矛头指向圣上，就太过火了。圣上宽仁忠厚，为国忧劳，是古今少有的明君，他圣体安康，就是我大宋之福。张贵妃能给他快乐，为他解忧，岂不是有功于国家？张尧佐诚然是庸才，但却不是坏人，他就是个老实人、可怜虫，所以大家都看不起他。如果圣上也看不起他，岂不让贵妃伤心？四使都是虚职，与其让郭承祐之流充任，还不如给个老实人，至少不会胡作非为、荼毒百姓。圣上已经退让，你们就不要再咄咄逼人，让圣上难堪了。"

包拯道："圣上宠爱贵妃，可以赏赐内帑钱财，岂能乱授官位？还请文相去问问圣上，在圣上眼里，是国家重要，还是内宠重要？"

文彦博笑道："圣上如果赏赐钱财，你们又会说私恩滥赏，靡费民膏。你们横竖总会有话说。希仁兄，这世上有寒有暑，有日有夜，并不是非黑即白，非此即彼。你身在台谏，自然可以刚直不阿，而我身为宰相，却必须调和鼎鼐，协理阴阳。至清至察，不是治国之道……"

包拯打断他的话："文相有文相的权术，包某有包某的职守。你身为宰相自是需要调和阴阳，而我身为谏官，却必须澄清乾坤。你我就各守其道，莫要乱了法度。"

这时，府外有歌声隐约传来，一群小孩从街巷里追逐而过，边跑边唱，声音虽然有些杂乱，字字句句却都能听得清楚：

"臣奸宰相博，邪行世莫匹。曩时守成都，委曲媚贵昵……"

文彦博也听到了，他初来时神色不乐，正是因为在路上听到了小孩们在唱这首诗歌。这首歌在东京街巷里已传唱了好几日，也不知从何而来，有传说是大诗人梅尧臣所作。

包拯道："必是有人知道你来了这里。如今君臣猜测，朝野不安，文相的一举一动，都会惹人关注，请速回吧。"

文彦博披衣便走，走到门口，又停下脚步，望着屋外茫茫黑夜发了会儿怔，似乎有话要讲，却又没讲，长叹了一口气，大步走出庭院。

4

次日上午，同知谏院吴奎求见包拯。吴奎听到风声，执政里有人在推波助澜，试图浑水摸鱼，借张尧佐之事拉下文彦博。御史台和殿中侍御史都不愿罢休，直言要死谏到底。他怕大家的一片赤诚，要被有心人利用了，便来问包拯怎么办。

吴奎对文彦博的才能极是佩服，深知他是国之栋梁，如果他因此事而落职，实在是朝廷的损失。他知道包拯与文彦博私交甚笃，也因此而更加忧虑。包拯天性骨梗清直，越是有私交，越不可能留情面。他担心包拯坚持到底，甚至率先发难，文彦博就势必要倒台了。

包拯已经猜到事情不会那么简单，只是文彦博在此事中的确有可议之处，即使有人要对他下手，也是他自己授人以柄。

吴奎见他沉默不语，知他内心纠结，待要离去，却听包拯说道：

"继续弹劾！"

转眼又到朝会，仁宗还未动身，头已经先大了。处罚谏官、取旨上朝的诏令最终因为宰执的反对没有执行。可以想见，那些台谏官员又将在朝堂上喋喋不休。

张贵妃知道仁宗为难，便做了让步，可以不要那么多，但一定要保住伯父的宣徽使。贵妃通情达理，让仁宗颇是感动，他决定先看看情况，如果谏官们打死不退，就宣布削去三使，只留一个宣徽使好了。贵妃送仁宗去上朝，又叮嘱道："官家不要忘了宣徽使！"仁宗苦笑："好，好。"

上朝之后，台谏官们果然有备而来。殿中侍御史唐介和御史中丞王举正改变了策略。他们担心继续揪住仁宗不放，会彻底激怒仁宗，废掉台谏，反而不利于大宋言路，于是调转矛头，重点攻击文彦博顺旨取媚，不堪宰相之任。

仁宗虽然觉得文彦博无辜，但谏官们不再一门心思跟自己过不去，还是让他心里舒服了许多。只是包拯尚未出班发言，令他有点不安，索性先和了稀泥，谕令只授张尧佐宣徽使，赶紧了结此事。四使削去了三个，不可谓不是大让步，台谏官员们一时不好再说什么，只有唐介还要强诤。

包拯此时站了出来。

"刚才诸位谏官进言，都说是宰相顺旨取媚，陷陛下于不义。但在微臣看来，却是陛下天意私授，陷臣下于不忠。陛下要取悦后宫，滥行恩赏，宰相如果封驳，则违逆圣意，使陛下不得开怀；宰相如果顺从，则玷污官箴，被世人唾骂……"

包拯如此直白地归罪于仁宗，百官都愣住了。

仁宗气得要吐血，再次拂袖而去。

包拯竟然冲上前去，拦住仁宗的去路。

"陛下请留步，微臣还没讲完。陛下执意除授张尧佐宣徽使，便是执意让宰相代君受过。这是逼臣下犯错，岂是圣明君主应该做的？"

包拯情绪激动，言辞激烈，唾沫星子都喷到了仁宗的脸上。

仁宗一把将他推开，恨恨而去。

张贵妃派遣小黄门偷窥朝议，已经知道皇上为自己受了委屈，很是不安，赶紧上前迎接仁宗，向

包拯廷诤。

他赔不是。

仁宗拿袍袖抹了抹脸，叹了口气。

"那包拯跑到我面前说话，唾沫星子喷了我一脸。你只管要宣徽使宣徽使，难道不知道包拯在做谏官么？"仁宗道，"贵妃，这宣徽使，我看还是算了吧。"

张贵妃默然。包拯百般阻挠，诚然可恶，但她明白包拯今日所为，不仅是为了正纲纪，而且是为了保护文彦博。文彦博是国之栋梁，她也不愿文世叔因为伯父的事受牵连。

这天下午，张尧佐主动上书，自请免除宣徽使。一场风波暂时平息下来。

5

然而张贵妃终究不甘心，过了一段时间，认为百官对此事忘得差不多了，便再次怂恿仁宗除授张尧佐宣徽使。这一回她退而求其次，只要一个宣徽南院使的名号，而且不赴院供职，别授判河阳军州事的差遣，外放就任。

仁宗觉得可行，便令翰林院贴麻处分。

不料制命一出来，殿中侍御史唐介立即又杠上了。他担心判河阳军州事只是个幌子，过不了几天就会召张尧佐回朝，顺理成章地去宣徽院归班供职。有包拯激烈抗谏的例子在先，唐介也豁出去了。

仁宗不胜其扰，随口说道："这是中书任命的。"

唐介立即揪上了文彦博，弹劾他以奇锦贿赂宫掖，靠张贵妃的内援得以上位，执意任命张尧佐，也是为了讨好张贵妃。他知道谏院的包拯、吴奎都同情文彦博，为了预防他们反对，先弹劾他们与文彦博私下结交，互相援助，请求将他们一并逐出朝廷。

仁宗要被这件事折腾死了，一怒之下将唐介贬为春州别驾，文彦博和吴奎也一并落职外放。

包拯上书为吴奎和文彦博鸣冤。

仁宗怒道："唐介说你也是文彦博同党，我还不信，你竟然跑出来替他们辩护，你就不知道避嫌吗？"

"微臣身为谏官，眼中只有是非，没有亲疏，怎么能为了避嫌而置大义于不顾？"包拯道，"如果怕人非议而畏首畏尾，钳口不言，与故作清高、沽名钓誉之辈有什么区别？"

仁宗叹息良久，说道："文彦博做宰相这几年，饱受攻击，也很累了，且让他出去歇一歇吧。"

这年十月，文彦博罢为观文殿大学士，知许州，在萧瑟朔风中离开东京。

包拯很想去送行，为他斟上一杯酒，道一句珍重，然而终究还是没去。他从谏院退衙回家，街道里唱歌的小孩们已经换了新曲子，不再唱"臣奸宰相博"。

梅尧臣已经澄清那诗歌不是他写的，至于究竟出自何人之手，文彦博不愿追究，也就没人再过问了。

至于盛传的文彦博献锦取宠，也有传闻说其实是文彦博的妻子做的，并非文彦博所为。包拯曾向文彦博求证，文彦博笑了笑，说道："我妻子做的与我做的，又有什么区别呢？"包拯也就不再问了。

包拯到家之后，家人递给他一封信，是文彦博临行前写给他的。文彦博对自己的遭遇倒很豁达，反而一再替唐介开脱，说他只是尽自己言官的责任，还担心唐介身体不好，在贬黜路上死掉，希望包拯给皇上提个建议，派人保护好他。最后，他对包拯的两度仗义执言表示感谢。

"我知道你也不是为了我，而是为了纲纪，为了大义，但仍然感激。"文彦博在信中说，"人们都说我是国之肱股，吾兄则是国之脊梁。大宋不可无彦博，更不可无希仁，为了国家，你我皆需珍重！"

别有深情

1

仁宗皇祐五年（1053），包拯的身体忽然垮了。

这年春天，时任龙图阁直学士、高阳关路都部署兼安抚使的包拯突遭不幸：他的爱子包繶染病不治，于英少之年突然去世。包拯在包繶身上寄托了很大希望，包繶也不辜负父亲的期待，一直按照他期望的样子成长，这时已学有所用，能够为国效力，却忽然命归幽冥，生死两隔。

包拯这一年已经五十五岁，忧劳谋国，两鬓已白，此时白发人送黑发人，悲怆过度，身体便支撑不住了。

仁宗听到消息，极是关心，存慰之余，问他可有什么愿望和要求。

包拯身心交瘁，请求换一个事务清简的差遣。仁宗答应了他，特命出任扬州知州，扬州环境好，可以安心休养。制命下达后，仁宗又觉得像包拯这种情况，最好还是回老家休养，于是改授庐州知州。

大宋任官实行回避制度，官员除授一律要避开籍贯，不能回本地州县做官，以防老家的亲友影响执政，通过裙带关系形成地方势力。仁宗破例让包拯回庐州做知州，既是对他的照顾，也是对他的信任，令包拯倍感暖心。

阔别多年，终于回到庐州，一山一水，仍旧是当年的模样，只是其间的人早已面目全非，包拯不免心生惆怅。

他先去祭扫了父母与恩师的坟庐。父母的坟茔因为有族人照料，保护得很好，刘筠的冢墓则因无人看管，已经近于荒芜了。堂堂一代文宗，身后竟是如此凄凉，令人伤感。包拯甚是自责。

刘筠去世后，因无子嗣，财产全都收入官府。包拯访查到刘筠的一个族侄，名叫景纯，好学上进，人品也不错，便上书朝廷，请求立刘景纯为刘筠后嗣，奉祀刘学士，延续刘氏血脉；刘学士当年的财产也一并退还，由刘景纯承继。朝廷答应了他的请求。

包拯对庐州事务驾轻就熟，心情甚是轻松。公务之余，除了休息身心，他最常去的地方，就是当年读书的书院和香花墩，每次微服而行，仅有一随从相伴，以免惊扰民众。

2

一日休沐，他又乘一辆马车前往书院。刚到香花墩，有人拦住去路，包拯揭帘望去，原来是当年坚持要请自己吃饭的员外。

三十年过去，包拯早已不是当年的风华少年，那员外也已是身躯佝偻，鬓发如霜，挂着一支拐杖，在家僮的搀扶下站立在路中央。

"当年与大人一别，已经许多年没见过了。

老朽一直想去州府拜见，只是官府深似海，老朽一介草民，去了多次，门子都不给通报。"老员外道，"老朽听说大人经常来这边走动，就在这里候着，已经候了多日，终于让我给候着了，真是有志者事竟成啊。"

包拯回庐州后，为避免亲族关说，一直住在州廨里，并严令门子，所有私人拜见一律不予通报。亲戚朋友尚且进不去，何况是这位老员外。

包拯见他老得牙都不剩几颗了，想必也等得很是辛苦，便下车问候，执敬老之礼。

老员外一把抓住包拯的手，要带他回家中小坐。包拯有次去书院，曾经路过老员外家，看到他的宅院拓展了将近一倍，门楼也修得高大阔气，前头还镇着一对石狮子，俨然是富贵的大户人家，想来是他生财有道，产业不断扩大，才有如此豪奢的手笔。

包拯不愿去他的豪宅做客，以另有行程婉拒。

老员外坚持不放手，请包拯看在他一把老骨头份上，到他家中吃盏薄茶。

这员外以前就能说会道，还曾经包揽词讼，

老员外与包拯套近乎。

在地方上颇有一些势力；如今须发皆白，仍然词锋不减。

包拯不禁皱了下眉头。随从立即上前，托住老员外的胳膊，在他肘下揉了一下。老员外小臂一麻，手不由得就松了，随从攥住他的手腕轻轻拿开，然后将身子挡在面前，将他与包拯隔开。

包拯趁机道声"老丈请了"，赶紧踏上马车，车夫立即驱车前行。

老员外还要追赶，却被随从客气地拦住，只能眼睁睁看着马车离去。

3

庐州虽是望州，但基础较差，下属三县——合肥、慎县、舒城，除了合肥是附郭县，户口和经济相对较好，其他二县都比较落后。包拯回庐州后，决意从根本上治理，调发夫役兴修河工，开筑道路。

宋朝以前，夫役都是义务出工，工具自备，也不给口粮。宋太祖赵匡胤特下诏给予夫役口粮，成为定制。再后来，不愿出工的人也可以纳钱免役，由官府另行雇人做工。这是一大进步，但因有金钱利益，不少官吏便从中上下其手，谋取私利。

包拯深知其中的问题，因此盯得很严。官吏们都知晓这位包大人铁面无情，连皇上都怕三分，并且精于吏事，明察秋毫，因此都小心翼翼，不敢造次。

一日，包拯去合肥城外视察路工，远远看到有人在鞭打一名夫役，这人很像自己的一个表弟。马车走近一看，果然是他。这位表弟是从舅的儿子，一直跟随从舅做石斛生意。石斛是庐州贡品，品质极佳，但产量很小，从业者又多，所以也赚不到大钱，只能维持生活。不知他何时开始做起了路工，包拯便叫随从唤他过来。

表弟见包拯来了，顿时两腿发软，丢下鞭子，讪讪地过来给包拯请安。

包拯问他在此干嘛，为什么鞭打夫役。

"朋友揽了一段工程，叫我帮忙监个工。那

夫役偷懒耍滑，所以抽他几鞭子，小小地惩戒一下。"表弟道，"我这就要回家去了。表哥有空时也去家里看看，家里人很想你呢。"

表弟说完便告退，坐上肩舆匆匆而去。

那名夫役也继续干起活儿，只是动作粗重，带着恨恨不平之气。

包拯踱过去，问他方才为何被打。

那夫役并不认得包拯，只道是官府里的胥吏老爷，冷笑道："官户打人，还要什么理由？就把咱杀了，也是咱活该。"

包拯道："小哥说气话了。王子犯法，与庶民同罪，即使圣上也不能无怨无故责打人。你若觉得有冤屈，不妨说一说。"

那夫役只是冷笑。

随从道："这位是咱们庐州包知州，最是为民做主，你若有什么话想说，只管讲来。"

夫役大惊，口中喃喃良久，却只说出一句："小民没什么话讲。"又埋头干起了活儿。

包拯知道问不出什么来，示意随从一起离开。

巡罢路工，包拯密嘱随从如此这般，然后自

己回衙去了。

傍晚时分，随从回到州衙，向包拯禀报调查到的情况：表老爷并非代人监工，而是工长，整条路都归他主管；今日那名夫役是雇工，向他讨要拖欠的工钱，惹怒了他，才被他当众鞭打。

包拯立即传召合肥知县来见。合肥县衙同在一个城内，知县很快便赶过来了。

包拯询问他可有自家亲戚扰乱官府，包揽工务。

知县神情犹豫，欲言又止。

包拯猛然一拍桌子。

知县忙说道："舅老爷倒是常常去县衙走动，主动承揽些差事，为县里分忧。"

包拯大怒："什么舅老爷？什么分忧？你是知县，他是县民，哪里有知县唤县民为老爷的？他一介庶民，又有什么资格染指公事，为你分忧？你一堂堂知县，还需要庶民分忧，要你又有何用？"

知县惊慌失色，两膝一软，便要跪拜请罪。

包拯一把将他托住，把他推坐到椅子上，反

而向他长拜下去。

知县吓得不知所措。

包拯拜了三拜，说道："是我包某管束不严，致令亲族骚扰官府，祸害地方，也使县公蒙受委屈！包某此拜，便是向县公谢罪。包某自会向朝廷上表，自我弹劾。还请县公严守职分，凡是我亲族包揽的差事，即时勾销，以后再有人以我亲族之名干扰公务，即时捕拿治罪！如果纵容不治，即以渎职议处！"

知县连声答应后退下。

4

几天后，包拯正处理公事，忽有人击鼓鸣冤，要向包知州告状。

包拯命人将他带进来，却是前几天被表弟鞭打的那名工役。那工役神情悲切，叩拜的时候，身子不由自主地颤抖，似乎是过于激动，又似是感到恐惧。

包拯叫他不要紧张，又问他可曾收到工钱。

"感谢知州为小民做主，工钱已经收到了。"工役说道。

"那便好。"包拯道，"你走这么远，想必也渴了，先喝点水吧。"示意差役给他倒一碗水来。

工役将水喝完，稍稍镇定下来，在包拯询问下讲起冤情：

他家与一个大户是邻居，那大户扩建宅院，要买他家的宅地，被他家拒绝，便恃强侵占。工役家势单力薄，竟被占去了大半个宅院。去官府告状，官府却以务限法为由拒绝受理。大宋律法，每年二月初一到九月三十之间，官府不接受田宅、婚姻、债务之类官司，以免妨害农务，是谓务限法。

工役家好不容易熬到出务，待要再去告官，那大户却找事挑衅，将工役的父亲打成重伤，然后恶人先告状，到县衙控告工役的父亲挟怨报复，先动手打坏了他们的家人。

县衙不问青红皂白，将工役的父亲拿入县牢，然后以各种借口拖延，不予推审。工役的父亲年事已高，身体也不好，况且伤得又重，在狱中再拖下去，定然凶多吉少。

工役打算去监司告状，但因案子已经耗光家财，债务缠身，没钱做盘缠，便想做路工赚几个钱。工钱本说好是日结，不料该发钱时，表老爷却拖欠不给，一时心急，才会争吵起来，被他拿鞭子抽打。

如今幸赖包知州发话，勾销了表老爷的差事，又发放了拖欠的工钱，他才鼓足勇气，来向包知州鸣冤。

包拯听他讲到大户侵占田宅，便想到那个执意要巴结自己的老员外，一问里巷与姓名，的确是此人。

他听工役讲完，问道："你以前没有盘缠，却要隔过本州，去监司告状；如今有了盘缠，为何又不去监司，而来向本州鸣冤？"

工役道："我们都听说过包知州最是铁面无私，连皇上都敢弹劾，身为您的同乡，也感到很是荣光。但是您回庐州后，您的亲戚却仗着您的势力，做一些违法犯科的勾当。我们也不知他们是瞒着您做的，还是您纵容的，横竖你们是一家人，我们这些外人也不敢多言，但对您，却是颇有些微词。如今见您逐斥表亲，小民才相信您是至公无私的，所以斗胆来向您陈情。"

"如此说来，定然有我的亲戚涉及此案了。"

"正是。"

"何人？"

"您的从舅。"工役道，"他收了大户的钱，替他向知县和县尉关说，才将我家害到如此境地。"

包拯立即传唤知县和县尉来见。合肥知县受到包拯训诫，这几日正与县尉清理纠正因包拯亲戚关说而曲枉的案子。他们向包拯承认确有此事，已经排定明日重审案件。

包拯即命差役拘拿从舅。因为是知州亲戚，差役们不敢不敬，只说知州请他去州里走一趟。

包拯回庐州以来，从舅只在祭扫祖坟时见了一面，之外再没有见到过，此时听说外甥有请，马上乘一顶软轿，欢天喜地赶赴州衙。

不料等待他的却不是期待中的脉脉亲情，而是公堂上的雷霆之怒。

包拯见从舅没带枷锁，喝问差役为何不从公

办差。差役支支吾吾。包拯掷下一支红头签，将差役杖责二十。

从舅看着差役"噼里啪啦"吃板子，不禁懵了，惊问外甥是什么事。

包拯道："有人告你扰官乱法，关说谋利，你可认罪？"

从舅看见跪在旁边的工役，便明白是怎么回事了。

包拯如此不通人情，偌大个胳膊只晓得往外拐，令从舅很生气。从舅最受包拯母亲的喜爱，对包拯父母也非常照顾，包拯父母亡故之后，他便是包拯最亲近的亲戚。包拯不准他入衙相见，他已非常不悦，此时竟然要当堂问罪，更觉得不能接受，一怒之下，便耍起了长辈的威风。

"我便做了又怎样？你还要打我板子不成？"

包拯大喝："既已认罪，杖责八十，收监候问！"

大堂上的差役不敢怠慢，立即将从舅摁倒，褪下裤子打将起来。

从舅疼得乱叫，大骂包拯不孝不义，人家当官，无不是鸡犬飞升，包拯当官，却拿家人来祭

包拯在大堂上下令仗打从舅。

旗，实在是混账至极。

包拯以指甲掐着手心，扭头不看。

差役打了十来板，从舅的屁股已血肉模糊，差役便将板子落得轻了，才放轻两下，却听惊堂木猛然一响，显然是知州在警告，赶紧又用全力打起来。

合肥知县和县尉回到县衙，立刻重审侵宅案件，将所有不法情事推问得明明白白，勘结上解给州里。工役的父亲也即时释放回家。

包拯那个书院同学也通过科考做了官，此时正好丁忧在家，听到这一案子，回想起当年包拯坚拒吃请的往事，为他的先见之明感慨不已。

庐州吏民更是崇敬有加，都说"铁面包拯"果然是名不虚传。

然而也有人讲风凉话，说他就是个刻薄寡恩的酷吏，这般六亲不认，不过是为了自己的官声和前途。

5

然而一年之后，这一质疑便戛然而止。

包拯以前在陕西转运使任上，曾举荐卢士安为凤翔税监、柳州军事判官。卢士安才干出众，但行事不谨慎，以至于触犯律法。包拯身为举荐人，有失察之罪，按律当受连坐，减官降职。

此时文彦博重获重用，再次入朝为相。他认为保举失察是常有的事，而包拯是少有的重臣，如今他已外放两年，好不容易从丧子之痛中脱离出来，应该将他召回朝中，委以大任，使其为国效命。如果因为小过而严厉惩罚，将他贬到更偏远的地方，实在是朝廷的损失。况且有很多失察的大员也未受到处罚，放过包拯，并不算为他破例。

仁宗皇帝也有此意，但想到包拯的耿介，又觉得还是要尊重他的意思，如果他自求受罚，便满足他的清高，如果他不出声，也没有谏官抗议，便睁只眼闭只眼算了。

仁宗刚打定主意，包拯的奏疏已经到了阙下。包拯在奏疏里狠批自己失察之罪，请求朝廷严厉处罚，正以律法。

仁宗将奏疏拿给文彦博看。

"包拯看重的是大义，是法度，而不是个人的得失。"仁宗说，"尊重他吧。"

于是在至和二年（1055）十二月，包拯以坐失保任，降为兵部员外郎，改知池州。

阎罗包老

1

对官员来讲，贬官降职，是最晦气最难过的事。文彦博天性豁达，被贬到许州时，尚且一度颓唐，沉溺酒乐，终日优游于许州西湖与溅水之间。包拯却淡然处之，无尤无怨，接到诏书的当天，就整装上路了。一到池州任上，他便开始处理公务，兴利除害，通商宽民，全无一丝消极懈怠。在池州他还破了一桩奇案，替蒙冤的僧人平反昭雪，被人们广泛传诵。

文彦博听到传闻，嗟叹良久，给包拯写了封信，对他的胸怀表示钦佩。

包拯却说：

"这是我应得的处罚，也正是我坚持的规则。求仁得仁，正当快意，有什么怨言？"

然而朝中却有不少大臣不淡定了。嘉祐元年（1056）夏天，东京大雨成灾，滔滔洪水侵入安上门，将门闩都冲折了，京城内被冲垮的官私房舍竟至数万间。翰林学士欧阳修趁机上表，借天灾论时事，请求起用包拯，称包拯是"难得之士"，说包拯因为小的过失而被贬到偏远地区，大家都感到惋惜。殿中侍御史里行吴中复也上书，请求召包拯还朝。

仁宗询问文彦博的意见。

"臣下与包拯有私交，本当回避此事，但包拯曾经教诲臣下，不可因小节而误大义。"文彦博道，"欧阳学士与吴里行的奏疏，都是忠公体国之言。并且包拯已经贬官受罚，在池州任上也政绩卓著，理应顺合公论，召回朝中。请陛下圣裁。"

这年八月，包拯徙知江宁府。十二月，进官右司郎中，权知开封府。

开封府是天下首府，帝都所在，知过府事的

官员，没有不身居宰执、位列两府的。但因开封遍地都是高官，藏龙卧虎，鱼龙混杂，极是难治，所以每每选取声望高、有治术的大臣来充任。

包拯久历官场，深知衙门越大，小民越难以进入，只能任由胥吏们居中操弄，欺下瞒上。开封府设有知牌司，专管在府门外收纳诉讼的状子，市井小民要见府尹难如登天。开封府如此重要，倘若不能及时了解民情，化解民怨，很可能就会造成事端，影响到朝廷和时局。因此就任之后，包拯首先罢除了知牌司，使告状的人可以径直到大堂下呈递状牒。

有一天，有商人来府中提告：某京官扩建宅第，用了他大量丹漆和良材，却一直拖欠钱款不给。他上门讨要，那京官要么闭门不见，要么让家丁把他推搡出去，有时候还会挨一顿打。商人久久收不到货钱，早已陷入困境，来开封府递过几次状牒，知牌司收纳后就再无下文。此时他听说新府尹废除了知牌司，便急忙赶来了。

包拯知道那京官名字，是入内内侍省赵都知

的干儿子。以前包拯在朝中知谏院时，赵都知还不像如今这般得宠，那京官也小心翼翼，不曾干犯过法纪。想是后来干爹得宠，做干儿子的便也有恃无恐，将尾巴翘到了天上。

提告的商人呈上京官签押的收货凭据。包拯验看无误，批文传送京官家中，让他限期偿还货钱。

那京官看过文书，闷闷不乐。他的宅第修建得极是豪奢，所用丹漆木料俱是上品，价钱委实不菲，叫他一下子还掉，无异拿刀割他的肉。但是铁面老包凶得很，他不敢随意顶撞。寻思片刻，他打算再拖一拖，如果开封府持续催促，就以家中无钱为借口，先还一部分，然后这月给半贯，下月给几文，慢慢拖下去，拖到老包调离开封府，再找借口将账赖掉。

转眼期限已至，那京官斗茶听曲，每日声色犬马，几乎将这事儿忘掉了。这天上午，他照常入衙应卯，正与同僚吃着小龙团聊闲天，忽然闯进来几名差役，声称奉府尹之命，拘提某京官到案听审。

京官大惊，没想到包拯竟如此不给人脸面，

又羞又怒，拒绝前往。

"老爷还是跟小人走吧。"差役道，"府尹的脾性您又不是不知道，惹恼了他，怕是不好收场。"

京官想想，的确如此。他干爹虽然在皇帝面前得宠，但再宠也宠不过张贵妃，张贵妃都保不住她伯父，干爹又怎能保得住自己这个干儿子？于是只好服软，在同僚们众目睽睽之下被差役押解而去。

2

到得开封府大堂，只见偌大公堂之上热闹非凡。原来开封府事务浩繁，各类案子极多，包拯为提高办案效率，命主司胥吏都到大堂来办公，分出好几个案位，各自审理处置，遇到难决之事，立即听取他的裁决。

京官刚到堂前，便听大堂上有人高声喊冤，这人自称虽有小过，但罪不至于杖脊。杖脊是杖刑中最重的一种，倘若身体不好，多有被打死的。审案胥吏大声喝斥，叫他闭嘴，他仍然大声嚷嚷，胥吏大怒，骂道：

"你这个刁民，判你杖脊，你接受便是，却嚷个什么？赶紧领受责罚，滚下堂去！"

京官吓了一跳。他见过那名罪人，是相国寺旁一家勾栏的主人，还经营着丝绸行，手头有万贯家财，结交的多是权贵和名士，讲起来也是个体面人物，此时穿着却极是寒酸，被那胥吏一顿斥骂，竟然吓得像一只见了猫的老鼠，缩着脖颈瑟瑟发抖。京官心想：老包铁面无情，属下也如此粗暴，这是要把开封府搞成阎罗殿不成？

这时堂上有人大喝：

"谁令你作福作威，呼喝公堂？"

京官循声望去，正是高坐大案之后的府尹包拯。包拯怒视着胥吏："像你这般骄横，怎能绥众安民？来啊，拖下去杖责十七，以儆效尤！"

差役如虎狼般上前，将胥吏拖到堂阶下痛打。那罪人更是吓得像刺猬般缩成一团。

包拯取过状牒看了看，对他说道："念你是初犯，这次就从轻发落，将杖脊改为杖臀。以后记得奉公守法，不要再犯恶行。"

那罪人喜出望外，叩头谢恩不止。

包拯摆摆手，示意差役拖下去行刑。

京官被差役引上大堂。原告等候已久，见他到了，便要与他对质。

京官早已心惊胆战，生怕一不小心，包拯就会翻脸，也给自己一顿板子吃。自己好歹是个官员，如果也被按到堂下打板子，以后还怎么见人？于是不等包拯责问，已忙不迭地答应还钱。

"这样就好，"包拯说，"不过我却有一件事不明白。本府以前知谏院时，每日都从你家宅第前的街道路过，你们那些宅第后面便是河道，庭院并不十分宽阔，为什么用了这么多丹漆和木材？"

京官支支吾吾地说："是下官一时疏忽，找的工匠技艺不佳，以至于浪费了许多材料。下官已经知错，心里很羞愧，这就回去给付货钱。"

包拯点点头，派人跟随他们去京官家监督交付货钱。

3

不到一个时辰，差役便回府复命，那京官果然如数支付了拖欠的货钱。

包拯询问他可有发现别的什么。差役说他已暗中观察，那京官家屋宇虽然奢华，但却并未违制，只是将宅院向后扩展了许多，已经侵入了河道，所以才有空间扩建房舍。

包拯道："我去年在池州时，听说东京下了场大雨，竟然将整个开封城都淹了，我便有些纳闷。开封城内河道很多，汴河、惠民河都是漕运要道，舟楫往来，河道很宽，泄洪排涝很是便利，怎么至于一场大雨，便能水淹京都？如今看来，必是势家侵占了河道，以至排水不畅，大雨骤降，便酿成了灾难。"

去年那场暴雨的确令人震骇，人们看到洪水奔涌，都以为是黄河决堤，灌进了京城。

这一场大雨，还改变了北宋第一名将狄青的命运。大宋以文官治国，武将不能进入枢密院参决机要，狄青是唯一因军功被授任枢密使的将军。

士大夫们对此耿耿于怀，生怕开启武将执政的先河，重蹈前朝藩镇割据的覆辙。大雨过后，狄青家被淹得厉害，便经仁宗皇帝许可，带家人暂时居住到相国寺。相国寺是皇家寺院，规矩很多，狄青却不太知道这些规矩，经常在大殿上进进出出，没有忌讳。有人便上书弹劾他僭越违制。欧阳修趁机请求罢去狄青枢密使之位，文彦博等人也纷纷响应。狄青因此被外放陈州，郁郁而终。

包拯带领僚属巡察城内河道，果然有不少地方被侵占得厉害，有些河段更是被两岸交相挤压，最窄的地方都不到一丈宽了。

包拯勘察完毕，立即行文整治，勒令所有侵河房舍，限期拆除，恢复原状。

以前也曾有言官上书朝廷，请求疏理河道，仁宗皇帝也下了诏令，要求予以整治。但因侵占者太多，不光有权贵势家，也有市井百姓，断然拆除，将使民心骚动。仁宗皇帝不愿多事，也就拖了下来。包拯却没有妇人之仁，不管是势家还是平民，只要犯法，一律不予宽贷。

"国法为天下人共设，也当为天下人共守。"

包拯道，"强势者固然不能恃强凌弱，弱势者也不可以恃弱乱法。"

包拯坐镇整治，没人敢于抗命，况且去年那场水灾后果极为严重，如果包拯追究起来，恐怕难逃其咎，因此那些人家虽不情愿，却也相继拆除了侵占的房舍。只有那个刚付过货钱的京官不甘心。

"要拆早说呀，先逼我还了钱，才开始拆，这不是整我么？"他找干爹诉说委屈，"整我没关系，但那庭院是干爹喜欢的，姓包的如此无情，分明是不把干爹放在眼里。"

赵都知不傻，明白干儿子是在挑拨，意图让他出面对付包拯。但那宅院他的确喜欢，尤其是建在河道上的那座亭榭，居高临下，视野开阔，把酒临风，看那碧水悠悠，帆影往来，实在是赏心乐事。如果真的拆掉，也委实心疼。

他给干儿子出主意，叫他篡改地契，说宅地都是合法之物，反正河道上的标识也都埋没了，再无对证。如果包拯硬来，他便去皇帝面前告状，告包拯蛮横无理，强拆民宅。

京官依计而行。

包拯见他顽抗，便责令户曹参军找出地契存根，与他对质。京官坚称他那份地契上的步数才是真的，官契上的被人修改过。京官重金请到高手篡改的地契，竟然看不出丝毫瑕疵，户曹参军虽然知道那是假的，却又拿他没办法，待要四邻作证，四邻又都畏惧京官和他干爹，不愿惹祸上身。事情一时僵持下来。

4

这天傍晚，包拯刚刚退衙，先前那名商人在府外求见。他听说了京官拒拆之事，特来向包大人献策。他先前供应京官建筑材料，全程见证了京官侵河构建的过程，当初填河垫地的土石方，也是他帮忙联系的。据他回忆，有一块官府树立的河道标识还在，被埋进了土石下面，只要找到这块标识，便可证实京官非法侵占河道。

包拯大喜，要赏赐商人。商人辞谢。

"府尹您为我们百姓作主，便是最大的赏赐。"商人道，"只是以百姓自居的，并非都是良善之辈。"

包拯听他话中有话，便询问详情。

商人道："府尹您可还记得那个被吏爷当堂斥骂的罪人？因为吏爷的骄横，让您对他心生怜悯，从轻发落了他。前天我与几名行内好友去丰乐楼吃酒，恰好撞见那人，只见他醉醺醺的，正洋洋得意地跟人讲述那天的事情。原来他跟那吏爷是商量好的，吏爷断定您见不得百姓受辱，故意那样斥骂，好让您迁怒于他。那吏爷虽则受了些苦，却落了一大笔钱财，也是极划算的。您爱民如子，视民如伤，真是千古少有的好官。只是仁心仁术，有时也会被人利用呀！"

包拯起身向商人拜谢，口称受教。

次日上衙，他先吩咐推官鞫问胥吏受贿之事，然后率领吏役前往京官家发掘河道标识。据商人描述，标识的位置就在亭榭地基下。

包拯先向京官申明官府意志，如果挖掘不出标识，官府自会重修亭榭，补偿损失，然后命差役隔开京官家人，令工役拆亭开掘。一个时辰之后，果然挖出了那块太平兴国年间立的河道标识。

京官面色如土，无言以对，只好低头伏法。

包拯上书仁宗，奏明河道整治情况，并弹劾中官怙恩作乱，目无国法。

包拯要弹劾的人，又罪状确凿，仁宗也救不了，于是削除赵都知之职，贬去内侍省做洒扫之役；京官也被削夺官职，废为庶人。

那名胥吏经由推问，招供了罪状，果然是收受了罪人的钱财，为包拯设了个套儿。包拯重议其罪，杖脊七十，削除吏职，逐出开封府衙。

5

包拯治理开封，刚而不愎，严而不刻，法网愈密，文书愈简，可以说是大治。最令人们称道的是，包拯杜绝一切人情关说，所有事务全都从公办理，不管是昭文上相，还是引车小民，只要一进开封府，便都一视同仁。京师中因此流传一句话：

"关节不到，有阎罗包老。"

然而代价是，亲朋故友纷纷远离，甚至与他绝交。就连文彦博，也因为彼此身份，私下里几

侵占河道的京官低头伏法。

乎不再与他联系了。

文彦博因为勇于任事，为执政大臣所不容，受到排挤，上书请求辞去相位。仁宗接受辞呈，将他外放河南府。

临行之前，恰逢包拯夫人董氏生日，文彦博特地登门拜访，一来为嫂夫人祝寿，二来与包拯道别。两人这才见了一面。两人小酌几杯，聊了些闲话。

文彦博盯着包拯看了一会儿，说：

"外面风传你一件事，你可知道？"

"什么事？"

"人人都讲你生性严肃，不苟言笑，因此有句俚语说，包希仁笑比黄河清。"

包拯大笑，文彦博也笑起来。"我记得你以前很爱笑的，但自入朝以来，笑得便越来越少了。刚才我观察了许久，你果然一直板着脸，即使我讲了好笑的事，你也没有一丝笑容。"

包拯道："范希文公有句话，先天下之忧而忧，后天下之乐而乐。如今忧都顾不过来，哪有工夫取乐？"

文彦博叹道："希仁兄自是情深！圣上将要

对你委以大用，诏令不久便到，只怕以后你的笑容会越来越少了。我真不知是该祝贺你，还是怜惜你。"

几天之后，诏命果然传来，包拯迁官右谏议大夫、权御史中丞、兼理检使，一个月后，又领转运使、提点刑狱考课院，一身兼领数职，正所谓能者多劳。

在这诸多差遣中，最令包拯欣慰的是御史中丞，并不是因为这一职务位高权重，而是恩师刘筠当年也曾担任过这一职务。在以前，御史上书言事，都要先向中丞报告，取得中丞同意。刘筠做御史中丞后，废除这一规定，御史可以自行上书，使得言路大开，涌现出许多耿直敢谏的言官。如今包拯也做了御史中丞，似乎是冥冥之中的天意安排，让他来继承恩师的遗志。

想到恩师的遗志，包拯不禁有些感伤。他穿好官服，在铜鉴前正衣冠，只见明亮的镜面上映出一张已经苍老的脸。一想到自己今年已经年过花甲，让人如何不感伤？包拯望着镜子里的自己，微微有一点黯然。

做官本分

1

包拯执掌御史台后，朝中的官员人人自危，生怕一不小心被他盯上。虽说仁宗广开言路，骨头硬不怕死的谏官很多，但论力道千钧、一击必中，还是非包拯莫属。好在他上任以来，上书言事都是议论国政、举荐人才，唯一批评过的人，还是仁宗皇帝。

仁宗有过三个儿子，但却先后夭折，如今年事已高，身体日衰，膝下却没有可以继承君位的子嗣。储君是皇权稳定的根本，大臣们都希望仁宗在宗室里挑选一个优秀子弟，立为太子，以安民心。仁宗却一直拖延，指望着后宫嫔妃们再生个儿子出来，自己的皇位毕竟还是希望自己的儿子继承。眼看仁宗身体越来越糟糕，大臣们都很心急，但是大家都知道皇上的心思，也不敢强行进谏。

大家不敢做的事，包拯敢做。包拯莅任不久，便上了一封言辞激切的表疏，强烈要求仁宗尽快选立太子。

子嗣之事已经成为仁宗心头的疮疤，包拯没心没肺，硬要来揭，令仁宗极是恼怒。仁宗召他进见，问他想立谁当太子，言下之意是质问他是不是有私心。

"臣下请求选立太子，是为了江山社稷，至于选谁，是陛下的权利，只要是贤能之人，臣下都会拥戴。"包拯道，"陛下问我想立谁，是质疑我要为自己谋富贵。可我已经老了，也没有儿子，谋来富贵又有何用？"

仁宗想起包拯的遭遇，颇有同病相怜之感，怒气顿时消了。他一直怀疑朝官们请立太子，都是怀有私心，所以看到包拯的奏疏，就本能地动了火气。"在立储之事上，只有你包拯才能真正无私啊。"仁宗道，"你且退下吧，容我仔细考虑一下。"

包拯犯颜强谏，给言官们树立了榜样，劝皇帝立储的人一个接一个出现。

2

这时包拯却又瞄上了另一个人：三司使张方平。

张方平是个能臣，深得仁宗信任，在三司使任上也颇有作为。他在公事上甚是明白，私事却很不严谨，以至于犯下一桩糊涂案子。

大宋实行榷酒制，官府控制酒曲，民间可从官府买曲酿酒，自行售卖。东京有个叫刘保衡的富户，开有一间酒店，因为经营不善，积欠官府酒曲钱上百万。三司派人追债，刘保衡无奈之下只好变卖房产偿还。三司使张方平听到消息，花钱买下了刘保衡的房子。交易刚完成，刘保衡的姑姑忽然到官府告状，说刘保衡不是刘家亲生的，无权售卖刘家房产。官府拘拿刘保衡审问，果然如此。

包拯听说后，先到中书省责骂宰相失察，继而上书弹劾张方平以职务之便巧取豪夺，鲜廉寡耻，不能再做三司使。

仁宗听从包拯的建议，免去张方平三司使之职，让他出知陈州，以应天知府宋祁继任三司使。

包拯一出手，便搞倒一位大员，朝中百官人人惊畏，纷纷猜测下一个倒霉蛋会是谁。

令人意外的是，包拯似乎跟三司使较上了劲，新任三司使宋祁还没到任，他便已经上书弹劾了。他在奏疏中称，宋祁以前做益州知州时，曾有言官弹劾他奢侈过度，还纵容家人拿公使钱放贷，有失大臣仪表；况且他哥哥宋庠是现任枢密使，宋祁于理应当避嫌，不能出任位高权重的三司使。

宋庠以前当宰相，就曾被包拯赶下台，如今又被他盯上，心中很是厌烦。他知道兄弟俩同居高位已不可能，如果成全弟弟，自己就要下台，于是主动向仁宗上书，请求将弟弟改任外官。

仁宗此时也觉得宋祁任三司使不大合适，便改授他为郑州知州。三司使又空了下来。

三司使本是官员们争相竞逐的要职，如今被包拯接连干掉两个，一时成了高危的职位，人人谈之色变。

仁宗想要任命新使，竟然无人敢接。仁宗明白大家的忧虑，索性让包拯自己担任，命他以枢密直学士权三司使。

大家都瞧着包拯的反应，看他怎么应对。甚至坊间还开了赌局，赌包拯接任还是不接任。押接的人认为，包拯连番跟三司使较劲，就是想自己当，如今愿望成真，当然会接。押不接的人则认为，包拯清高孤直，不可能为了官位做出这样的事，更不可能在如此敏感的情况下接任。双方争辩不已，赌局越押越大。

数日之后，答案揭晓：包拯接任了。在公众看来，这等于坐实了包拯的私心，赌他不接任的人无不崩溃。

一时间舆论哗然。朝中清流更是不能接受。欧阳修率先上书反对，他认为包拯驱逐两位三司使，然后自己接任，有蹊田夺牛的嫌疑。

"包拯也许真的没有私心，但问题是，天下人谁会相信他没有私心？"欧阳修在奏疏中说，"此时的三司使，天下人谁都可以做，只有包拯不可以；包拯也可以担任任何官职，却唯独不能做三司使。包拯必须避嫌，这也是保护他的名誉。"

欧阳修是包拯很看重的人，不是因为他曾经帮自己讲过话，而是敬佩他的人格和学识。欧阳修身为一代文宗，提携后进不遗余力，在朝堂上嫉恶如仇，谠论不阿，极受天下人敬重，与宰相富弼、御史中丞包拯、太学侍讲胡翼之并称"四真"。别人反对包拯当三司使也就罢了，欧阳修也出来反对，包拯便有些动摇，于是躲回家中，上表请辞。仁宗不同意，反复命他就职，包拯这才来到三司，正式升堂理事。

三司既然掌管国家的财赋，首要任务便是征收赋税，开拓财源，以供军国之用。以前的三司使无不以搜刮钱财为己任，只要有利可图，就要插上一手，甚至由官府垄断经营。

包拯认为这样做是与民争利，民为邦本，百姓过不下去，国家早晚也好不了。于是他厉行改革，严格限制官府开支，而将浮加给百姓的赋税统统免除。原先宫中所用之物，都由各地进贡，包拯设立和市，统一采买，既消除了地方官借机扰民的痼疾，又可促进商品贸易，繁荣经济，使民众获益。

3

包拯以朝廷重臣的身份执掌三司，决策老成持重，执行起来雷厉风行，使得改革举措一一实施。

包拯下属更是人才济济，其中司马光（字君实）、王安石（字介甫）、吕公著、韩维都是万众瞩目的政坛新秀，司马光和王安石尤为杰出。文彦博很欣赏王安石，对他关怀备至，提携有加，包拯却更喜欢司马光，觉得他心性稳重，又勇于任事，有担当。更重要的是，司马光的许多政见与包拯不谋而合，让包拯看到了衣钵传承的希望。

三司内植有牡丹数株，每到春暮绽放，繁花

重蕊，香满衙署。

一日忙完公事，包拯雅兴大发，搞了个赏花酒会，在花圃前张设宴席，犒劳诸位同仁。

包拯亲自执壶，为大家一一斟酒。这是从来没有过的事。包拯平素严谨无趣，别说吃酒赏花，就是吃杯老茶，聊句闲话，都比登天还难。

机会难得，大家也不愿拂了老上司的兴致，都高兴地举杯，一饮而尽。司马光平时不喜欢饮酒，也勉强喝了一杯。只有王安石坚持不喝。别人视酒如甘露，王安石却觉得像泔水，况且喝酒还容易误事，因此他认为饮酒是再愚蠢不过的事。包拯几番相劝，他都不为所动，将杯子倒扣在桌子上，死活不肯喝。

大家都觉得他太过分了，包拯却不介意，抚着王安石的脊背，笑道："介甫主意坚定，坚守不屈，真是一个大丈夫。"

司马光起身道："介甫是真的不能饮，不可勉强。我来向计相您讨一杯酒喝吧。"

包拯笑道："介甫的局面，要君实来收拾吗？"

司马光道："介甫和我各有局面，但不在杯酒之间。下官讨这一杯酒，是有一桩公案想要请教，可能会令使君不高兴，所以先行自罚一杯。"

"哦？"包拯道，"是何公案，且说来听听。"

"当时诏命您为三司使，天下人都以为您会避嫌，然而您却没有。世人因此对您颇多非议，甚至说您晚节不保。您不是贪恋权位的人，却为何要冒天下之大不韪，弃毕生之清名于不顾呢？"

司马光这番话看似尖锐，包拯却明白他是极忠厚的用心：一是转移话题，替王安石解围，也免除自己酒令不行的尴尬；二是借此雅会之机，让自己从容剖白心迹，回应舆论的质疑。他给司马光杯中斟上酒，看他喝下，叫了声好，然后也将自己的酒杯斟满。

"从前乡间有个医生，与邻居的关系不和睦。有一日，那邻居得了重病，来找医生求治。医生诊断之后，发现病情很危急，如果不救，必死无疑；但若救他，也可能会死，而且死在自己手里，将会被人误解，说是他借机报仇，故意将人治死。"包拯看着司马光，说道，"如果你是那个医生，你救还是不救？"

司马光道："救！"

"为何要救？"

"治病救人是医生的本分，不能为了避嫌，而忘却自己的本分。"

"正是此意！"包拯道，"我辈做官，也有做官的本分，那便是兴利除害，治国安民。大宋开国至今已经一百多年，种种矛盾日积月累，已经危机四伏，冗官、冗兵、冗费之弊病，更是积重难返，国库的亏空越来越大，百姓的担负也越来越重。如果继续因循下去，如何得了？"

司马光等人都沉默了。

包拯继续说道："三司掌管天下财政，最是要紧，正需要有胆识的能员，来改良除弊，破旧立新。然而要厉行改革，必然会得罪各方势力，利益攸关，往往你死我活，不容有退避的空间。所以这人选必须德才兼备。无德则不能服众，被人抓住了把柄，还怎么坚持原则？无才则不能成事，徒劳无功，越想做好，结果反而越糟。这也是我为什么反对张尧佐、张方平和宋祁做三司使。张方平和宋祁无德，张尧佐无才，都不足以担当大任。"

包拯顿了一下，又说道："三司使空缺，圣上如果选授其他合适的人，比如文公彦博、富公弼、韩公琦、欧阳公修，我都是极支持的。"包拯道，"但是圣上选择了我。那么此时，我首先应该考虑什么？为了自己的虚名而避嫌？还是恪守做官的本分，接下这个烫手山芋，大刀阔斧地开辟一个新气象？"

司马光道："以使君的情怀和境界，自然要选后者。"

包拯一笑："知我者，君实也！谋身须顾惜名誉，谋国则要不避谗讥。谋身事小，谋国事大，其中的判断取舍，或许不能为世人理解，但如果为了一己之虚名而刻意避嫌，放弃责任，就是假仁伪善，忘却了做官的本分。"

包拯看了看杯中的酒。那酒澄澈清洌，使他油然想起端州的井水。当年在端州，打出来的七口井水质都极好，大家都说清得就像包知州。

"任他满城风雨，我只大道直行。"包拯仰头喝下杯中酒，说道，"让时间来证明吧！"

4

包拯主政三司这三年，抑制浮费，平均税赋，严肃吏治，宽厚待民，锐意改革，颇有建树。非议之声也就逐渐平息了。

仁宗嘉奖他的贡献，于嘉祐六年（1061）四月，迁官给事中，擢授枢密副使。

接到诏命那一天，包拯颇有一些恍惚。阳光澄明如流水，洒在议事厅前的花圃里。牡丹已经凋谢了，只有几枚半枯的花瓣尚在枝头留恋，然而翠叶绿茎，郁郁葱葱，自有一派蓬勃生机。

包拯在花圃前站了片刻，在司马光的陪同下走出三司衙门。

天已经热起来了，骄阳当头，街道上的行人纷纷撑起遮阳的伞。一辆马车辚辚而来，车上张挂着一只巨大的青罗华盖，这是枢密院派来迎接包拯的车子。青罗华盖是两府宰执才能用的行头，俗称清凉伞。那伞在阳光下张开，隔出一片青葱透明的阴影，的确有清凉之意。

包拯缓缓走过去，手抚伞柄，仰望头顶做工

张挂着清凉伞的马车来迎接包拯。

精致的罗盖。那青罗是绫锦院织造的，细密而柔和，包拯的目光透过罗纱，看到那枚明润的太阳，仿佛看到恩师刘筠的笑脸。

刘筠生前最大的遗憾，就是未能进入两府，位居宰执。在他看来，只有身居宰执，参决机要，才可能推行自己的政治主张，将治国理念转化为国家意志。他一度非常接近了这个理想。那是天圣五年（1027），就在包拯他们科考之后，他晋职为翰林学士承旨、兼龙图阁大学士、同修国史。此时枢密院空缺一个副使，他满以为会轮到自己，不料却被名阶不如自己的夏竦捷足先登了。他终于意识到皇帝是不可能让他当执政的，遂称病告假，闭门不出。

僚友们听说他病了，纷纷登门探望。有人问他得了什么病，他随口说是虚热上攻。旁边一人笑道：

"这病好治，只消一剂清凉散，便可痊愈。"

"清凉散"是"清凉伞"的谐音，那人这么说，意在取笑刘筠求两府而不可得，不是真病，是心病。

众人心照不宣地笑起来。

刘筠也尴尬地笑了笑，第二天便上表请求外放，躲到庐州去了。

与刘筠被人取笑不同，包拯迟迟未能进入两府，有无数人为他抱屈。无论是能力还是资历，包拯都堪称完备，入主两府早已是众望所归。然而翰林院那些平庸之辈都纷纷当了宰相，包拯却仍然被排除在外，实在令人不平。

东京街头流传一首歌谣：

"拔队为参政，成群作副枢。亏他包省主，闷杀宋尚书。"

宋尚书是指宋祁。宋祁不得志，大半原因在于他哥哥宋庠太得志，于制度不得不回避，尚且不算太冤。包拯不当宰执，就完全没有道理。

然而包拯并不以为意。他同情恩师的遭际，但却没有恩师的执念。他做官是为了做事，给他一个官职，就在这个官职上把该做的事做好。至于给他什么官职，则看国君的意志和国家的需要。正如今日，这辆张挂着清凉伞的马车接他去枢密院，是因为枢密院需要他了，而他也将在那个新职位上继续效力，为国为民，鞠躬尽瘁。他在马车上坐好，对车夫说：

"上路吧！"

5

嘉祐七年（1062）五月十三日，包拯像往常一样在枢密院处理公务，突发疾病，不省人事。仁宗遣医赐药，极力救治，但最终回天无力，包拯于二十五日与世长辞。

噩耗传出，远近士民无不感伤，无不叹息。仁宗停止上朝一日，亲临奠仪，并赠包拯礼部尚书的职衔，赐谥号为"孝肃"。

宋神宗熙宁年间，西羌俞龙珂部归附。神宗问他们有何愿望。

俞龙珂道："我们远在西方，却久闻包老的大名，极是敬仰。如今我们归附了大宋，希望能恩赐我姓包。"

神宗同意了他的请求，赐名包顺。

包顺及其部落将此视为殊荣，以包拯爱国之

心相激励。神宗开边西域，保卫边境，该部落为国效命，极其忠诚。

包 拯
生平简表

●◎宋真宗咸平二年（999）

包拯诞生于庐州合肥县。

●◎宋真宗天禧五年（1021）

翰林学士刘筠以右谏议大夫知庐州。

是时包拯于合肥县城南香花墩读书，知遇于刘筠。

●◎宋仁宗天圣五年（1027）

包拯参加春闱，高中甲科第一等，以大理评事知建昌县。

包拯好友文彦博同科高中。包、文二人为世交，"相友甚厚"。

包拯因父母年高，求授近职，改监和州税。父母亦不愿往，包拯遂弃官奉养。

●◎天圣六年（1028）

八月，刘筠复知庐州。

●◎宋仁宗景祐四年（1037）

包拯听从亲友劝谏，赴京归选，授扬州天长知县。任内断"割牛舌案"。

●◎宋仁宗康定元年（1040）

徙知端州。在端州善政甚多，如废除贡砚浮派、凿井便民。及任满，两袖清风，不持一砚归。

●◎宋仁宗庆历三年（1043）

入京拜监察御史里行，次年迁监察御史。

●◎庆历六年（1046）

以三司户部判官，出为京东路转运使。

●◎庆历八年（1048）

授户部副使。

●◎宋仁宗皇祐二年（1050）

擢天章阁待制、知谏院。任内直言敢谏，多次弹劾权臣，曾因言辞激切而唾溅仁宗之面。

●◎皇祐四年（1052）

七月，徙高阳关路都部署、安抚使，知瀛州。

●◎皇祐五年（1053）

因丧子，出知扬州，未到任，改知庐州。

任上执法严峻，不避亲故，有从舅犯法，当堂挞罚之。

●◎宋仁宗至和二年（1055）

十二月，因举荐官员失当，贬知池州。

●◎宋仁宗嘉祐元年（1056）

因宰相文彦博等保奏，改知江宁府，两月后入京，权知开封府。

在开封府任上严肃吏治，疏通河道，执法不阿，人称"阎罗包老"。

●◎嘉祐三年（1058）

迁右谏议大夫，权御史中丞，领转运使、提点刑狱考课院。

●◎嘉祐四年（1059）

授枢密直学士，权三司使。

●◎嘉祐六年（1061）

迁给事中、三司使，擢任枢密副使。

●◎嘉祐七年（1062）

五月十三日（旧历），包拯突发疾病，二十五日去世。享年六十四岁。远近士民，莫不感伤。仁宗亲临奠仪，赠礼部尚书，谥"孝肃"。